Contextuele hulpverlening

Karlan van Ieperen-Schelhaas

Contextuele hulpverlening

Derde, herziene druk

bohn
stafleu
van loghum

Houten 2021

Karlan van Ieperen-Schelhaas
Bennekom, Nederland

ISBN 978-90-368-2546-7   ISBN 978-90-368-2547-4   (eBook)
https://doi.org/10.1007/978-90-368-2547-4

© Bohn Stafleu van Loghum is een imprint van Springer Media B.V., onderdeel van Springer Nature 2011, 2015, 2021
Alle rechten voorbehouden. Niets uit deze uitgave mag worden verveelvoudigd, opgeslagen in een geautomatiseerd gegevensbestand, of openbaar gemaakt, in enige vorm of op enige wijze, hetzij elektronisch, mechanisch, door fotokopieën of opnamen, hetzij op enige andere manier, zonder voorafgaande schriftelijke toestemming van de uitgever.
Voor zover het maken van kopieën uit deze uitgave is toegestaan op grond van artikel 16b Auteurswet j° het Besluit van 20 juni 1974, Stb. 351, zoals gewijzigd bij het Besluit van 23 augustus 1985, Stb. 471 en artikel 17 Auteurswet, dient men de daarvoor wettelijk verschuldigde vergoedingen te voldoen aan de Stichting Reprorecht (Postbus 3060, 2130 KB Hoofddorp). Voor het overnemen van (een) gedeelte(n) uit deze uitgave in bloemlezingen, readers en andere compilatiewerken (artikel 16 Auteurswet) dient men zich tot de uitgever te wenden.
Samensteller(s) en uitgever zijn zich volledig bewust van hun taak een betrouwbare uitgave te verzorgen. Niettemin kunnen zij geen aansprakelijkheid aanvaarden voor drukfouten en andere onjuistheden die eventueel in deze uitgave voorkomen. De uitgever blijft onpartijdig met betrekking tot juridische aanspraken op geografische aanwijzingen en gebiedsbeschrijvingen in de gepubliceerde landkaarten en institutionele adressen.

NUR 752
Basisontwerp omslag: Studio Bassa, Culemborg
Automatische opmaak: Scientific Publishing Services (P) Ltd., Chennai, India

Bohn Stafleu van Loghum
Walmolen 1
Postbus 246
3990 GA Houten

▶ www.bsl.nl

Woord vooraf

'Je wordt alleen geboren en je gaat alleen dood.' Deze oude volkswijsheid bedoelt doorgaans te zeggen dat je in het leven niet te hoge verwachtingen moet hebben van familie en vrienden. Als het eropaan komt, sta je in het leven alleen en moet je jezelf zien te redden.

Hoe oud en wijs deze volksuitspraak ook is, ze staat haaks op het contextuele denken. Daarin wordt er juist van uitgegaan dat een mens nooit alleen is of op zichzelf staat. Hij is altijd met talloze zichtbare en onzichtbare banden verbonden met de mensen om hem heen. Een mens komt niet uit de lucht vallen, maar wordt geboren in een familie met wie de band onverbreekbaar is: je houdt nooit op iemands vader, moeder, zoon of dochter te zijn.

Binnen een familie ontwikkelen zich relatiepatronen, normen en waarden die door de generaties heen worden overgedragen. Deze kunnen het leven van individuele familieleden ingrijpend beïnvloeden. Vaak is iemand zich van deze invloed niet bewust. Het contextuele denken gaat ervan uit dat de pijn en moeite in iemands leven, en de problemen die hij ervaart in relaties met andere mensen in grote mate samenhangen met relatiepatronen die zich gevormd hebben in het gezin van herkomst. Maar ook dat de kracht tot verandering en vernieuwing in diezelfde familie gevonden kan worden. Om bij de oude volksspreuken te blijven: 'Van je familie moet je het (maar) hebben', is er een die helemaal in lijn is met het contextuele denken.

Het contextuele gedachtegoed is ontwikkeld door de Amerikaans-Hongaarse psychiater en gezinstherapeut Iván Böszörményi-Nagy (1920–2007, je spreekt zijn naam uit als *Notsj*). De afgelopen decennia is grote belangstelling ontstaan voor zijn zienswijze. Op vele terreinen van zorg en hulpverlening is er oog gekomen voor de grote rol die familierelaties spelen in het leven van cliënten. Je kunt onder andere denken aan ambulante (en residentiële) hulpverlening aan jeugdigen en volwassenen, psychotherapie, pleegzorg, reclassering, ouderenzorg, onderwijs en leerlingbegeleiding, en pastoraat. In feite is het contextuele denken bruikbaar voor een breed scala van de *social work* werkvelden.

Dit boek is bedoeld als een inleiding, een eerste kennismaking met contextueel werken. Het geeft dan ook geen compleet overzicht van het contextuele gedachtegoed. Ik heb een keuze gemaakt uit verschillende aspecten en begrippen die in mijn beleving voor dit doel van belang zijn.

De verschillende begrippen worden uitgelegd en toegelicht aan de hand van voorbeelden uit diverse toepassingsgebieden van het welzijnswerk en de hulpverlening. Het contextuele denken kleurt in belangrijke mate de manier waarop je kijkt naar mensen en hun omstandigheden of problematiek. Kennismaken met het contextuele denken begint dan ook met leren zien hoe diepgaand iemands problematiek verbonden is met zijn familiegeschiedenis. Tegelijkertijd wil dit boek praktische handvatten bieden voor hoe je als hulpverlener deze inzichten kunt vertalen in concreet handelen. Voor deze derde druk is de toepassing gemaakt naar een breder terrein van het social work. Voorbeelden komen uit een grotere diversiteit van werkvelden dan in de eerste twee drukken het geval was. Ook is er (bescheiden) oog voor de toepassing binnen het werken met cliënten met een niet-westerse culturele achtergrond. Ten slotte wordt bij enkele begrippen ook aandacht besteed aan de betekenis hiervan voor cliënten die zelf of in hun context te maken hebben met lesbienne, homo, biseksueel, transgender, queer en overige (lhbtq+). Dit alles met dank aan collega's uit het werkveld, die vragen aanreikten en hun ervaringen wilden delen.

In deze druk wordt in de opdrachten onderscheid gemaakt tussen persoonlijke vragen en toepassingsvragen voor de beroepspraktijk. Door dit onderscheid worden studenten meer aangemoedigd het contextuele denken ook in hun eigen familie te onderzoeken. De toepassingsvragen voor de beroepspraktijk veronderstellen dat studenten stage (hebben ge)lopen of al werkzaam zijn in het werkveld. Wanneer dit niet het geval is, zal de docent casuïstiek moeten aanreiken die aansluit bij het toekomstige werkveld van de studenten.

Met deze aanvullingen blijft het boek wel wat het bedoelt te zijn: een eerste, eenvoudige kennismaking met contextuele hulpverlening. Hopelijk geeft het voldoende bagage om een begin te maken met werken vanuit dit gedachtegoed. Mogelijk wekt dit boek ook het verlangen naar meer kennis en deskundigheid op dit gebied. Wat dat betreft zijn er scholingsmogelijkheden genoeg!

Voor dit boek heb ik boeken van Nagy gebruikt, en ook boeken van andere auteurs: Terry D. Hargrave en Franz Pfitzer, May Michielsen en Wim van Mulligen, Ammy van Heusden en Else-Marie van den Eerenbeemt, Aat van Rijn en Hanneke Meulink-Korf, Rein Hoekstra en Jaap van der Meiden. Achter in dit boek is een lijst met geraadpleegde literatuur opgenomen.

Karlan van Ieperen-Schelhaas

Inhoud

1	**Het begrip context**	1
1.1	Inleiding	2
1.2	De context	2
1.3	Genogrammen	2
1.4	Overdracht binnen families	5
1.5	Ten slotte	8
1.6	Opdrachten	8
2	**Relationele ethiek en de vier dimensies**	11
2.1	Inleiding	12
2.2	Geven en ontvangen	12
2.3	De vier dimensies van de relationele werkelijkheid	14
2.4	Ten slotte	19
2.5	Opdrachten	20
3	**Erkenning**	21
3.1	Inleiding	22
3.2	Erkenning van onrecht	22
3.3	Erkenning van verdienste	23
3.4	Erkenning vanuit de context	25
3.5	Ten slotte	26
3.6	Opdrachten	26
4	**De dialoog**	29
4.1	Inleiding	30
4.2	De dialoog	30
4.3	Het gebruik van hulpbronnen	32
4.4	Mogelijke vragen	33
4.5	Ontschuldigen	33
4.6	Ten slotte	34
4.7	Opdrachten	34
5	**Intergenerationele verbondenheid**	35
5.1	Inleiding	36
5.2	Meerdere generaties	36
5.3	De historiciteit van de problematiek	38
5.4	Familie-erfgoed: legaten en delegaten	39
5.5	Ten slotte	44
5.6	Opdrachten	45
6	**Meerzijdig gerichte partijdigheid**	47
6.1	Inleiding	48
6.2	Meerzijdig gerichte partijdigheid	48

6.3	Mogelijke valkuilen	51
6.4	Ten slotte	51
6.5	Opdrachten	52
7	**Het begrip loyaliteit**	53
7.1	Inleiding	54
7.2	Existentiële loyaliteit	54
7.3	Verworven loyaliteit	58
7.4	Gespleten loyaliteit	60
7.5	Loyaliteitsconflicten	62
7.6	Onzichtbare loyaliteit	66
7.7	Over-loyaal zijn	67
7.8	Ten slotte	68
7.9	Opdrachten	68
8	**Passend en niet-passend geven**	69
8.1	Inleiding	70
8.2	Het belang van geven	70
8.3	Passend geven	71
8.4	Niet-passend geven	73
8.5	Vormen van destructieve parentificatie	74
8.6	Ten slotte	84
8.7	Opdrachten	84

Bijlagen

Geraadpleegde literatuur ... 86

Register ... 87

Het begrip context

1.1 Inleiding – 2

1.2 De context – 2

1.3 Genogrammen – 2

1.4 Overdracht binnen families – 5
1.4.1 Erfelijke aanleg – 5
1.4.2 Sociale omgevingsfactoren – 5
1.4.3 Gewoonten en gebruiken – 6
1.4.4 Normen en waarden – 7

1.5 Ten slotte – 8

1.6 Opdrachten – 8

© Bohn Stafleu van Loghum is een imprint van Springer Media B.V., onderdeel van Springer Nature 2021
K. van Ieperen-Schelhaas, *Contextuele hulpverlening*, https://doi.org/10.1007/978-90-368-2547-4_1

1.1 Inleiding

De contextuele hulpverlening dankt haar naam aan het begrip *context* dat in die naam verweven is. Dit begrip is kenmerkend voor de contextuele benadering en maakt meteen duidelijk waarin deze zich onderscheidt van andere benaderingen binnen de hulpverlening. Een goed verstaan van het begrip context is dan ook van groot belang. In dit hoofdstuk zal het begrip context worden uitgelegd.

1.2 De context

De contextuele benadering binnen de hulpverlening beziet een mens nooit solitair, als een opzichzelfstaand individu. Ieder mens is immers verweven met de mensen om hem heen. Het begrip *context* verwijst dan ook naar dit netwerk van betekenisvolle relaties. In de eerste plaats gaat het daarbij om directe familierelaties. Hiertoe behoort de kleine kring van het gezin waarin iemand is opgegroeid of waar hij op dit moment deel van uitmaakt: vader, moeder en eventuele broers en zussen. Maar ook het grotere – intergenerationele – familieverband behoort tot de context van een persoon. De contextuele benadering heeft nadrukkelijk oog voor de samenhang tussen de verschillende generaties waaruit iemand is voortgekomen. Ze kijkt daarbij naar de verbondenheid in drie of vier generaties: grootouders, ouders, kinderen en kleinkinderen.

Familierelaties worden ook wel gegeven relaties genoemd door het simpele feit dat iemand in dit gezin en in deze familie geboren is, horen deze mensen onlosmakelijk bij hem. Deze relaties zijn hem 'gegeven'. Het zijn relaties die niet verbroken kunnen worden. Je houdt nooit op iemands vader, moeder of kind te zijn, zelfs als er al jarenlang geen contact meer is. Ex-ouders bestaan niet. Ex-schoonouders wel. Daarin onderscheiden gegeven relaties zich van verworven relaties: relaties die iemand in de loop van zijn leven opdoet, die je verwerft. Voorbeelden hiervan zijn klasgenoten, buren, vrienden, collega's of een partner. Deze relaties kunnen wel verbroken worden.

Er zijn verschillende situaties mogelijk waarin het gezins- of familieverband van mensen niet (alleen) uit gegeven, maar ook uit verworven relaties bestaat. Denk bijvoorbeeld aan gezinnen met adoptie- of pleegkinderen. Of aan samengestelde gezinnen waar volwassenen vaak niet alleen samenleven met hun (nieuwe) partner, maar ook met de eigen kinderen uit een eerdere relatie en met de kinderen die de nieuwe partner al had vanuit een vorige relatie. Regelmatig worden uit deze relaties ook weer baby's geboren. Kinderen krijgen op deze manier te maken met een stiefouder en daarnaast vaak ook met stief- of halfbroers en -zussen. Ook in regenbooggezinnen is sprake van zowel gegeven als van verworven relaties: een regenbooggezin is een gezin met twee partners van hetzelfde geslacht die samen de kinderen opvoeden – of een gezin met meer dan twee ouders, waarvan ten minste één ouder niet-heteroseksueel is. Het begrip context verwijst naar het hele netwerk van gegeven en betekenisvolle verworven familiale relaties.

1.3 Genogrammen

Zoals gezegd wordt binnen de contextuele hulpverlening gekeken naar de samenhang tussen de verschillende generaties. Een praktisch hulpmiddel om die verbondenheid zichtbaar te maken, is een genogram. Dit is een gevisualiseerde stamboom, waarin met

1.3 · Genogrammen

behulp van symbolen de samenstelling van een familie wordt weergegeven. Partner en kinderen, maar ook ouders, grootouders en eventueel zelfs de overgrootouders worden symbolisch weergegeven in het genogram. Een genogram bestaat uit vier of anders uit ten minste drie generaties. Allerlei gegevens uit de anamnese van een cliënt worden hierin opgenomen, evenals belangrijke gebeurtenissen uit zijn leven en dat van zijn ouders en grootouders.

Een groot voordeel van het maken van een genogram is dat het informatie ordent en inzichtelijk maakt. Een genogram fungeert als het ware als een soort kapstok waar verhalen, gebeurtenissen en allerlei informatie aan opgehangen kunnen worden. Zonder deze kapstok zien hulpverlener én cliënt vaak al snel door de bomen het bos niet meer. Het genogram is een goed hulpmiddel om overzicht te krijgen en te bewaren.

Bij het maken van een genogram wordt een aantal symbolen gebruikt. De meest voorkomende zijn opgenomen in ◘ fig. 1.1.

Het genogram kan op verschillende manieren gebruikt worden. Sommige hulpverleners kiezen ervoor om bij de intake al meteen te vragen naar het gezin van herkomst van hun cliënt en het genogram voor zichzelf mee te tekenen. Zo krijgen ze snel een beeld van aspecten van de socialisatie die in het hier en nu meespelen.

Voorbeeld
Wiljan en Helene, allebei vijftigers, hebben besloten tot relatietherapie omdat het hen moeilijk lukt om in emotionele situaties met elkaar verbonden te blijven. Gemakkelijk ontstaan er dan conflicten of juist verwijdering die als eenzaamheid wordt beleefd. In de kennismaking vraagt de therapeut naar hun gezinnen van herkomst en tekent ondertussen het genogram. Wiljan komt uit een gezin met vier kinderen. Zijn ouders hadden een slecht huwelijk met veel ruzies en zijn gescheiden toen hij een tiener was. Zijn moeder verloor haar moeder toen ze nog maar enkele maanden oud was en woonde daarna enkele jaren op verschillende adressen voordat haar vader hertrouwde. Zijn vader droeg als jongen de verantwoordelijkheid voor het bedrijf van zijn ouders omdat zijn vader (de opa van Wiljan dus) in Duitsland te werk was gesteld tijdens de oorlog. Ook Helene heeft haar geschiedenis, onder andere met een vader die driftaanvallen had. Voor dit voorbeeld te veel om uit te werken – maar het is duidelijk dat door deze manier van kennismaken er snel belangrijke thema's uit beider geschiedenis op tafel liggen die betekenis hebben voor de relatieproblemen (zie ◘ fig. 1.2).

Andere hulpverleners geven de opdracht om een genogram te maken aan de cliënt als huiswerk mee naar huis. Het voordeel van deze werkwijze is dat cliënten veelal in gesprek gaan met hun ouders of andere familieleden om de gegevens die ze niet hebben na te vragen. Op deze manier is de eerste opstap naar een verder gesprek met belangrijke personen in de context al gezet. Een derde manier om het genogram te gebruiken, is dat hulpverlener en cliënt het samen maken, en zo al doende inzicht verkrijgen in de familiegeschiedenis en -verhoudingen van de cliënt. Veel hulpverleners geven de voorkeur aan deze manier, omdat het op een niet-bedreigende manier veel vrijheid en ruimte geeft om vragen te stellen. Bij het maken van het genogram ligt het immers voor de hand om door te vragen over familiegeschiedenissen, onderlinge relaties en familie-erfgoed. En ook nu kan een cliënt gegevens die hij niet kent eventueel navragen bij andere

Hoofdstuk 1 · Het begrip context

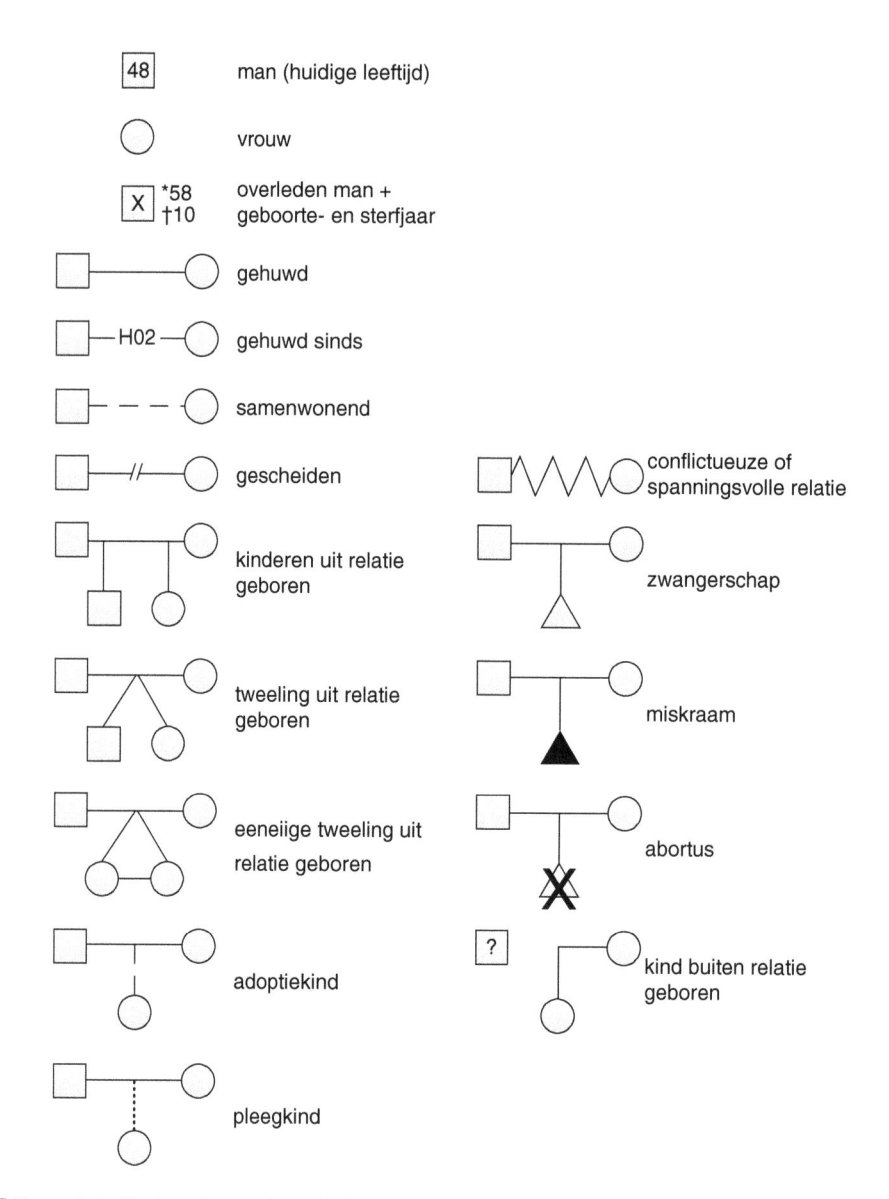

48	man (huidige leeftijd)
○	vrouw
X *58 †10	overleden man + geboorte- en sterfjaar
□—○	gehuwd
□—H02—○	gehuwd sinds
□---○	samenwonend
□—//—○	gescheiden
	kinderen uit relatie geboren
	tweeling uit relatie geboren
	eeneiige tweeling uit relatie geboren
	adoptiekind
	pleegkind
□∿∿∿○	conflictueuze of spanningsvolle relatie
	zwangerschap
	miskraam
	abortus
?	kind buiten relatie geboren

Figuur 1.1 Veelvoorkomende symbolen

betrokkenen. Voor de cliënt heeft het maken van een genogram vaak het effect dat hij gaat beseffen deel uit te maken van een groter geheel. Hij komt tot het inzicht dat zijn problematiek vanuit dat geheel beter te begrijpen is. Ook leggen cliënten zelf gemakkelijk verbanden en verwerven ze inzichten die hen tot dan toe niet duidelijk waren. Bespreek met de cliënt hoe je het genogram bewaart. Een flap-over kun je in een afgesloten kast bewaren tot een volgend gesprek. Cliënten vinden het soms ook prettig om een foto te maken en zo zelf zorg te dragen voor het bewaren van hun genogram.

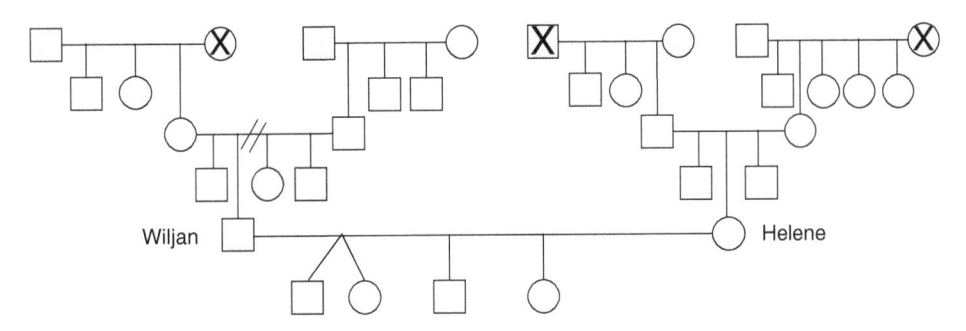

Figuur 1.2 Genogram Wiljan en Helene

1.4 Overdracht binnen families

In het contextuele denken wordt ervan uitgegaan dat een groot deel van de pijn en de vreugde in het persoonlijke leven en in de levensgeschiedenis van een persoon wordt bepaald door de (intergenerationele) context waarbinnen hij geboren is. En dat problemen die iemand later in zijn leven ervaart in verworven relaties in grote mate samenhangen met gedrags- en relatiepatronen zoals zich die hebben ontwikkeld in het gezin van herkomst – dus in de gegeven en verworven familiale relaties. Het is daarom van groot belang oog te krijgen voor datgene wat binnen de context van je cliënt (gezin en familie) speelt en wordt overgedragen. Hierbij zijn vier aspecten te onderscheiden: erfelijke aanleg, sociale omgevingsfactoren, gewoonten en gebruiken, normen en waarden.

1.4.1 Erfelijke aanleg

In de eerste plaats speelt erfelijkheid (*nature*) een grote rol. Hierbij gaat het om eigenschappen van iemand die door genetische aanleg zijn bepaald. Blond haar, wipneuzen, maar ook dyslexie, en wiskundeknobbels zie je doorgaans bij verschillende familieleden terugkomen. Soms lijkt het een generatie over te slaan. Maar dan opeens is het er weer: een kleinkind met dezelfde flaporen als zijn (over)grootvader. In sommige families worden ook lichamelijke of psychische ziektes middels erfelijkheid overgedragen.

1.4.2 Sociale omgevingsfactoren

In de tweede plaats gaat het om eigenschappen die niet of niet in de eerste plaats genetisch zijn bepaald, maar waar opvoeding en leefomstandigheden een belangrijke rol in spelen (*nurture*). Sommige families bestaan vooral uit binnenvetters, terwijl in andere families iedereen zich met muziek bezighoudt. Op al deze terreinen komt de vraag bovendrijven hoe aangeboren aanleg en sociale omgeving zich tot elkaar verhouden. De binnenvetter zou in een andere sociale omgeving mogelijk ander gedrag laten zien. En de talenten van een muzikaal kind zouden in een gezin waar daar helemaal geen aandacht voor is weleens nauwelijks zichtbaar kunnen worden. Wat in aanleg wel gegeven is, komt mogelijk niet of nauwelijks tot ontplooiing in een omgeving waarin dit nauwelijks aangemoedigd wordt. En wat iemand in aanleg minder heeft meegekregen, zou in een stimulerende omgeving weleens tot grotere bloei kunnen komen dan in andere omstandigheden. Karaktereigenschappen en talenten zijn niet alleen genetisch bepaald, maar worden ook in de sociale omgang gevormd.

1.4.3 Gewoonten en gebruiken

Het derde aspect dat een rol speelt, betreft allerlei *gewoonten en gebruiken*. Hiervoor geldt zeker dat ze binnen de persoonlijke omgang tussen ouders en kinderen worden overgedragen. Het gaat hier om dingen die 'wij' altijd zo doen, terwijl het er in andere gezinnen heel anders aan toe gaat. Kinderen leren al jong dat je bij het ene vriendje je schoenen uit moet doen en dat je ze ergens anders gewoon aan mag houden. Gewoonten en gebruiken geven een gezin haar eigenheid. Iedere familie en ieder gezin is uniek en onderscheidt zich van andere.

> **Voorbeeld**
> De familie Jansen komt altijd op eerste kerstdag samen bij opa en oma. De hele familie is er dan: alle kinderen en kleinkinderen en hun aanhang. Er wordt uitgebreid gedineerd en verschillende familieleden nemen een gang voor hun rekening.
> Het gezin De Jong nodigt deze dag mensen uit voor wie de kerstdagen niet zo gemakkelijk zijn: een alleenstaande moeder met haar kinderen, een man die zojuist zijn baan heeft verloren.

Veel van deze gewoonten worden door alle betrokkenen als waardevol beleefd. Een jarig kind kan zich in bed liggen verkneukelen omdat het weet dat straks het hele gezin zingend zijn kamer binnen zal komen om hem met cadeautjes te overladen. Andere gewoonten worden als knellend ervaren. Een puber kan zich ineens afvragen waarom hij per se mee moet naar de verjaardag van een oom. Van hem hoeft het niet, maar binnen de familie is het absoluut *not done* om niet te komen. En hoewel zijn ouders misschien best begrip hebben voor zijn tegenzin, voelen ook zij geen ruimte om de familiecultuur te doorbreken.

Wanneer iemand geconfronteerd wordt met heel andere gewoonten dan in het eigen gezin of binnen de eigen familie gelden, worden die niet zelden als raar of vreemd beleefd.

> **Voorbeeld**
> Pieter (19) eet mee in het gezin van zijn goede vriend Patrick. Voor de maaltijd begint vormt het gezin aan tafel een kring door elkaars handen vast te pakken. Ze spreken daarbij gezamenlijk een wens uit. Pieter voelt zich er erg ongemakkelijk bij: zit hij daar hand in hand met aan de ene kant Patrick en aan de andere kant diens veertienjarige zus.

1.4.4 Normen en waarden

Veel gewoonten en gebruiken vinden hun oorsprong in opvattingen over wat hoort en niet hoort. De familie is niet alleen gewend om het op deze manier te doen, maar vindt ook dat het zo hoort. Het gaat dan om de normen en waarden die de familie houvast geven in het leven. Impliciet en expliciet dragen families dit soort regels over het leven over aan de kinderen en kleinkinderen. Deze normen, waarden en omgangsregels worden door het gezin als volledig vanzelfsprekend ervaren, terwijl daar in andere families heel anders over wordt gedacht. Bijvoorbeeld:

- Over moeilijke dingen moet je niet praten.
- Je moet nooit laten merken dat je boos of verdrietig bent.
- Het is beter te geven dan te nemen.
- Als iemand je vraagt iets te doen, mag je nooit nee zeggen.
- Je moet altijd proberen het anderen naar hun zin te maken of aan hun verwachtingen te voldoen.
- Gasten kunnen altijd mee-eten.

Ook voor deze gedragscodes geldt dat het verbazing, bevreemding of zelfs problemen op kan roepen als iemand ontdekt dat anderen ze niet delen.

> **Voorbeeld**
> Marieke (23) zoekt hulp omdat het haar niet lukt om vriendinnen te houden. Telkens weer raakt ze diep teleurgesteld in anderen, waarna ze het contact verbreekt of laat verwateren. Als voorbeeld noemt ze een recente gebeurtenis: ze is onlangs verhuisd en had een vriendin gevraagd of die haar een keer wilde helpen schoonmaken. Haar vriendin gaf echter te kennen dat ze het erg druk heeft en wilde het daarom liever niet doen. Marieke voelt zich gekwetst en afgewezen. Op aanraden van de maatschappelijk werker gaat ze een gesprek aan met deze vriendin. Het blijkt dat deze het probleem eigenlijk niet begrijpt. Het is toch heel gewoon om je grenzen aan te geven? Ze was ervan uitgegaan dat Marieke wel iemand anders zou vragen en heeft op geen enkele manier Marieke willen kwetsen. Voor Marieke was dat blijkbaar niet zo gewoon. 'Altijd bereid zijn om te helpen' is een deugd die haar met de paplepel ingegoten is. Daarmee zijn de problemen die Marieke in vriendschappen ervaart natuurlijk niet meteen opgelost. Maar het inzicht helpt haar wel om anderen en zichzelf beter te begrijpen, en om daar verder mee aan de slag te gaan.

Ieder gezin heeft te maken met zijn eigen genetisch bepaalde erfgoed en ontwikkelt op zijn eigen manier de andere drie, door sociale omgang gevormde aspecten. In dat proces zal voor een belangrijk deel geput worden uit de gezinnen en families van herkomst van beide ouders. Als het familie-erfgoed op grote terreinen overeenkomt, gaat dat vrij gemakkelijk. Maar het kan ook voorkomen dat partners veel meer moeite hebben om met die verschillen om te gaan en hier samen een weg in te vinden. Soms lijkt het voor het oog alsof er eensgezindheid heerst over bepaalde gewoonten, maar op een onverwacht moment barst de bom.

> **Voorbeeld**
> Sam komt uit een gezin waar het de gewoonte was om op vrije dagen samen op te trekken. Ze waren 'gezellig samen thuis' of gingen wandelen, een stad bezoeken, zeilen of op familiebezoek. Jess komt uit een gezin waar iedereen zijn eigen gang ging. Nu ze samenwonen schuurt dat: in het weekend blijkt Jess telkens zonder overleg allerlei eigen afspraken gemaakt te hebben. Zij vindt het idee om telkens rekening te moeten houden met Sam beklemmend.

Verschillen leiden niet alleen tot onbegrip en wrijving in partnerrelaties. Ook binnen het bredere familieverband kan de spanning hoog oplopen.

> **Voorbeeld**
> Wesley en Marinka wonen ongeveer twee jaar samen. Het gezin waarin Wesley is opgegroeid, is gewend alle feestdagen gezamenlijk door te brengen: verjaardagen, Pasen, kerst, Vader- en Moederdag, oud en nieuw, en ga zo maar door. De familie van Marinka ontmoet elkaar ook regelmatig, maar dat laten ze meer aan het toeval over. Wesley is die vrije omgang in Marinka's familie erg gaan waarderen. Samen besluiten ze dat ze niet meer aan alle familieverplichtingen willen voldoen. Dit wordt hen bepaald niet in dank afgenomen: een stroom aan boze telefoontjes, e-mails en smekende verzoeken valt hen ten deel. Uiteindelijk loopt de spanning zo hoog op dat Wesley en Marinka besluiten hulp te zoeken: ze willen de band met Wesleys familie niet kwijt, maar ook hun verlangen naar meer vrijheid niet opgeven.

1.5 Ten slotte

Een hulpverlener die werkt vanuit de contextuele benadering ziet een cliënt niet als een los, opzichzelfstaand individu. Hij beziet deze mens binnen zijn eigen context: het geheel van betekenisvolle gegeven en verworven relaties waarvan hij deel uitmaakt en waaruit hij is voortgekomen. Contextuele hulpverlening heeft nadrukkelijk aandacht en oog voor deze context.

1.6 Opdrachten

Het is de bedoeling dat je tijdens het bestuderen van dit boek een logboek bijhoudt. Hierin schrijf je de antwoorden op de persoonlijke opdrachten. Het is mooi als je met één of twee medestudenten regelmatig deze antwoorden uitwisselt. Door hierover met elkaar in gesprek te gaan krijg je niet alleen een beter beeld van je eigen contextuele

1.6 · Opdrachten

vorming, maar ontvang je ook een inkijkje in dat van anderen. De toepassingsvragen voor de praktijk zijn bedoeld om je te helpen de theorie ook toe te passen in jouw (toekomstige) beroepspraktijk.

- **Persoonlijke opdrachten**
  - Teken een genogram van jouw eigen gezins- en familiesituatie. Wie behoren tot jouw gegeven relaties? Welke verworven relaties zijn belangrijk voor jou (geweest)? Afhankelijk van de grootte van je familie, kan het handig zijn dit op een groter stuk papier te doen en bij je logboek te bewaren.
    - Geef vanuit je eigen gezin van herkomst voorbeelden van overdracht binnen families van de verschillende genoemde aspecten.
    - Vergelijk jouw antwoorden met die van een groepje medestudenten. Welke overeenkomsten zie je? En welke verschillen?
  - Geef ten minste twee voorbeelden waarin de overdracht vanuit jouw eigen gezin van herkomst verrassing of (negatieve) verbazing opriep.
- **Toepassingsvragen voor de beroepspraktijk**
  - Heb jij op je werk of stage kennisgemaakt met het werken met een genogram? Deel dan een voorbeeld met medestudenten.
  - Wissel in een groepje de verschillende aspecten van overdracht binnen families uit. Welke overeenkomsten en verschillen vallen je op?

Relationele ethiek en de vier dimensies

2.1 Inleiding – 12

2.2 Geven en ontvangen – 12

2.3 De vier dimensies van de relationele werkelijkheid – 14
2.3.1 Eerste dimensie: de feiten – 15
2.3.2 Tweede dimensie: psychologie – 16
2.3.3 Derde dimensie: interacties – 17
2.3.4 Vierde dimensie: relationele ethiek – 17
2.3.5 De samenhang tussen de vier dimensies – 18

2.4 Ten slotte – 19

2.5 Opdrachten – 20

© Bohn Stafleu van Loghum is een imprint van Springer Media B.V., onderdeel van Springer Nature 2021
K. van Ieperen-Schelhaas, *Contextuele hulpverlening*, https://doi.org/10.1007/978-90-368-2547-4_2

2.1 Inleiding

In het vorige hoofdstuk werden vier belangrijke aspecten van het familie-erfgoed genoemd: erfelijke aanleg, sociale omgevingsfactoren, gebruiken en gewoonten, en normen en waarden. Deze zijn stuk voor stuk belangrijk binnen de hulpverlening en je kunt er als hulpverlener praktisch mee uit de voeten. Maar hoe helpend ze ook zijn, toch geven deze principes niet de kern van het contextuele denken weer. Fundamenteel in de benadering van Nagy is de relationele ethiek: Nagy gaat ervan uit dat de basis van menselijke relaties wordt gevormd doordat mensen *aan elkaar geven en van elkaar ontvangen*. Dit geven en ontvangen leer je binnen de context waarin je opgroeit, evenals de balans die zich tussen deze beide ontwikkelt. Geven en ontvangen is een wederzijds gebeuren: in gezonde relaties zijn de betrokkenen vrij om in allerlei vormen liefde, zorg en aandacht aan elkaar te geven, én van elkaar te ontvangen. Geven en ontvangen zijn onlosmakelijk met elkaar verbonden. Als je aan iemand iets kunt geven is dat waardevol. Blijkbaar heb je iets om te geven. Wanneer een mens dit ervaart, groeit zijn zelfvertrouwen. En je mag ook iets geven. Je relatie met die ander is blijkbaar dusdanig dat hij iets van je wil ontvangen. Hij staat ervoor open. Je kunt alleen aan een ander geven als hij het ook ontvangt. Je kunt alleen ontvangen als er iemand bereid en in staat is iets te geven.

Nagy gaat ervan uit dat het *rechtvaardig* is dat je in relaties mag geven en ontvangen. Dat is eerlijk, het doet een mens recht en hij komt erdoor tot zijn recht. In de contextuele benadering wordt deze dynamische balans tussen geven en ontvangen dan ook wel *de dimensie van de relationele ethiek* genoemd. Met het woord ethiek wil Nagy geen oordeel uitspreken over wat goed of niet goed is in menselijke relaties. Het gaat hem wel om de vraag of relaties rechtvaardig zijn of niet. Dat betekent dat alle betrokkenen in een relatie of gezinssysteem daarin mogen geven én ontvangen. De uitdrukking 'de balans tussen geven en ontvangen' kan hierin verwarrend werken. Het zou kunnen suggereren dat deze in balans of in evenwicht zou moeten zijn. Dat is onjuist: de balans tussen wat er in een relatie gegeven en ontvangen wordt, is niet altijd in evenwicht en hoeft dat ook niet te zijn. In bepaalde levens- en ontwikkelingsfasen heeft een mens meer zorg nodig en kan hij minder geven. Sommige mensen zullen langdurig of misschien wel altijd meer nodig hebben te ontvangen dan dat zij kunnen geven. Nagy spreekt dan ook over *rechtvaardigheid* in die balans: wordt aan de ontvanger en aan de gever recht gedaan? De relatie tussen ouders en kinderen zal nooit in balans zijn: kinderen ontvangen het leven van hun ouders – dat is zo groots, dat kunnen kinderen nooit teruggeven. Aan het begin van hun leven ontvangen kinderen vooral van hun ouders – als ouders oud(er) worden geeft dat kinderen de gelegenheid om veel aan hun ouders (terug) te geven. Vaak beleven volwassen kinderen deze fase als een zeer waardevol.

Contextueel werkers spreken ook vaak over de *vierde dimensie* wanneer ze het over de relationele ethiek hebben. In ▶ par. 2.2 wordt de uitdrukking *vierde dimensie* nader toegelicht.

2.2 Geven en ontvangen

Geven en ontvangen leer je in het gezin waarin je opgroeit. Als het goed is, ontvangt een kind de eerste jaren vooral. Zonder de liefdevolle zorg en aandacht van zijn ouders, zou een kind niet kunnen overleven. In het begin heeft een kind ook nauwelijks wat te geven.

2.2 · Geven en ontvangen

Hij is er. En in heel veel situaties is dat genoeg om de liefde en de zorg die hij zo hard nodig heeft, te ontvangen. De ouders zijn blij met hun baby, hebben hem lief en zorgen zo goed mogelijk voor het kindje.

Al snel begint een kind ook aan de ouders te geven. Nagy noemt als voorbeeld het eerste lachje. Baby's hebben al heel snel door dat daar enthousiast op wordt gereageerd en blijven het doen. Ze hebben er nog lang geen woorden voor, maar ervaren mogelijk toch al dat zij papa en mama blij kunnen maken. Gaandeweg het opgroeien gaat een kind steeds meer geven: een tekening, een kusje als vader of moeder zich pijn heeft gedaan, helpen met allerlei huishoudelijke klusjes, even naar de winkel voor een vergeten boodschap. Hoe ouder het wordt, hoe meer een kind kan geven. Als je mag geven wat bij jou past, groei je in zelfvertrouwen en eigenwaarde.

Voorbeeld
De moeder van Isolde (10) ligt met griep in bed. Ze heeft de hele nacht overgegeven en voelt zich geradbraakt. En dat juist in een week dat de vader van Isolde voor zijn werk in het buitenland is. Isolde zegt dat haar moeder in bed moet blijven en dat zij het allemaal wel zal regelen. Haar moeder hoort haar beneden bezig: ze maakt brood voor haar broertjes van vijf en zeven, vult hun rugtassen met fruit en drinken, en fietst daarna met de jongens naar school. Tussen de middag is Isoldes moeder wel weer in staat een poosje op de been te zijn. Maar het aanbod van Isolde om 's avonds pannenkoeken te bakken en daar ook de boodschappen voor te doen, neemt ze dankbaar aan. De volgende morgen voelt Isoldes moeder zich een stuk beter. Ze prijst Isolde voor de geweldige manier waarop ze het gisteren allemaal heeft geregeld. Isolde glimt van trots.

Kenmerkend voor de visie van Nagy is dat een kind er niet alleen recht op heeft om van zijn ouders te ontvangen wat hij nodig heeft, maar dat hij evenzeer het recht heeft aan hen te mogen geven. Door te geven wat bij hem, zijn leeftijd en ontwikkeling past, groeit iemand uit tot een evenwichtige volwassene die in staat is betrouwbare en veilige relaties aan te gaan met andere mensen. Niet voor niets glimt Isolde van trots: ze heeft iets waardevols gegeven aan haar moeder en het gezin, en daardoor groeit ze in eigenwaarde.

Het kan gebeuren dat een kind van zijn ouders niet ontvangt wat het nodig heeft. Allerlei mogelijke oorzaken spelen hierin een rol. Wanneer een ouder zelf als kind tekort is gekomen, zal hij moeilijk in de behoeften kunnen voorzien van zijn eigen kind. Soms zijn er ook omstandigheden die maken dat ouders tekortschieten in ouderlijke liefde en zorg. Ook wanneer er in het huwelijk of in de levensomstandigheden van het gezin grote zorgen of spanningen zijn, ontvangt een kind vaak niet de liefde en zorg die het nodig heeft. Het kind komt dan tekort.

Aan de andere kant kan het ook voorkomen dat een kind meer geeft dan goed voor hem is. Dat is het geval als wat het kind geeft niet past bij zijn persoonlijkheid of ontwikkeling en als de ouders het geven niet zien en waarderen.

Voorbeeld
Kimberly (10) is de oudste dochter van een alleenstaande moeder. Ze heeft een jongere broer van acht en een zusje van vier. Als ze 's morgens wakker wordt, ziet ze dat haar moeder nog ligt te slapen. Door het diepe geronk en de alcohollucht in de slaapkamer weet Kimberly dat haar moeder gisteravond blijkbaar weer te veel heeft gedronken. Automatisch maakt ze de andere kinderen wakker, helpt ze met aankleden en geeft ze wat te eten. Gezamenlijk vertrekken ze naar school. 's Middags is haar moeder weer wat aanspreekbaar, maar ze heeft erge hoofdpijn. Ze draagt Kimberly op voor het eten te zorgen. Er is vast nog wel iets in huis. Kimberly doet die avond haar best gezellig te zijn. Ze hoopt dat haar moeder niet weer naar de fles zal grijpen.

Het patroon, de blauwdruk voor de balans tussen geven en ontvangen ontwikkelt zich dus in het gezin waarin iemand opgroeit, in de gegeven relaties. Maar vervolgens werkt ze door in de verworven relaties die een mens in zijn leven aangaat. Dat betekent dat de wijze waarop de balans in het hier en nu van iemand zichtbaar wordt, nooit losgezien kan worden van zijn familiegeschiedenis.

Voorbeeld
Toen hij opgroeide, hadden de ouders van Maarten (41) het vaak drukker met ruzie maken met elkaar dan met zorgen voor hun kinderen. Voor Maarten, de oudste zoon, betekende dat dat hij zich erg verantwoordelijk ging voelen en gedragen voor de sfeer in huis en ten opzichte van zijn drie broers. Hij gedroeg zich doorgaans voorbeeldig, vroeg weinig aandacht en regelde zijn eigen zaken. Hij bemoeide zich met het huiswerk en het gedrag van zijn broers; zij kwamen met hun problemen vaker naar hem dan naar hun ouders. Inmiddels is Maarten al geruime tijd overspannen: op zijn werk voelt hij zich ooververantwoordelijk, zowel voor zijn eigen werk als voor dat van zijn collega's. Die zware last kan hij niet langer dragen.

De aandacht van een hulpverlener die vanuit de contextuele benadering werkt, gaat onder andere uit naar de balans tussen geven en ontvangen in het leven van een cliënt. Het uitgangspunt is daarbij de problematiek die iemand in zijn dagelijks leven ervaart en vandaaruit heeft hij nadrukkelijk oog voor de manier waarop deze problematiek is geworteld en verbonden met diens intergenerationele context.

In ▶ H. 4 van dit boek wordt het onderwerp 'geven en ontvangen' nog verder uitgewerkt.

2.3 De vier dimensies van de relationele werkelijkheid

In de vorige paragraaf werd gesproken over de relationele ethiek, die zo eigen is aan het contextuele denken. Deze relationele ethiek wordt ook wel de *vierde dimensie* genoemd. Dit veronderstelt dat er meer dimensies zijn en dat is juist. De contextuele benadering onderscheidt namelijk vier dimensies, die alle vier invloed hebben op relaties tussen mensen. Ze worden ook wel *de vier dimensies van de relationele werkelijkheid* genoemd.

2.3.1 Eerste dimensie: de feiten

Om de manier waarop iemand in het leven en in relaties staat goed te kunnen begrijpen, is het belangrijk zicht te hebben op feiten die zijn leven kleuren. Feiten zijn objectieve gegevens die echt waar zijn en gebeurtenissen die in werkelijkheid hebben plaatsgevonden. Geslacht, plaats in de kinderrij, adoptie, ziekte of gezondheid, echtscheiding, opgroeien in een samengesteld gezin of overlijden van ouders zijn voorbeelden van objectieve feiten. Maar ook etnische achtergrond en sociaaleconomische omstandigheden, horen thuis in deze dimensie van de feiten. Hierbij kun je onder andere denken aan: opgroeien in tijden van oorlog of van recessie, langdurige werkloosheid van de kostwinner, gevlucht zijn uit het land van herkomst horen thuis in deze dimensie van de feiten. Feiten hebben relationele consequenties: ze hebben invloed op wat er tussen mensen gebeurt en op wat mensen wel of juist niet voor elkaar kunnen betekenen.

Niet alleen feiten in de huidige levenssituatie van iemand zijn hierbij van belang, maar ook gegevens uit de voorgaande generaties. Feiten en gebeurtenissen in het leven van (groot)ouders hebben consequenties voor het leven van hun nakomelingen. Een oma die 'fout' was in de oorlog, de armoede in de generatie van grootouders, de vermissing van een overgrootvader in Nederlands-Indië, ernstige ziekte of vroegtijdig overlijden van een van de voorouders – de invloed daarvan werkt nog generaties lang door.

Sommige feiten noemen we *onrecht*. Dit zijn gebeurtenissen of omstandigheden die een beschadigend effect op het leven van een mens hebben. We onderscheiden twee soorten onrecht:
1. *Verdelend onrecht* (ook wel toedelend onrecht genoemd): dit is onrecht waaraan niemand direct schuld heeft of verantwoordelijk voor is. Het overkomt een mens en het heeft consequenties voor zijn leven en voor de volgende generatie. Voorbeelden hiervan zijn ziekte of overlijden van een gezinslid, werkloosheid die belangrijke financiële en sociale consequenties heeft, opgroeien in een oorlogssituatie of moeten vluchten omdat het in eigen land niet langer veilig was.

Voorbeelden
De ouders van Anneloes (37) zijn allebei sinds hun geboorte doof. Anneloes en haar oudere broer en zus kunnen wel gewoon horen. De doofheid van haar ouders heeft haar jeugd en haar leven sterk beïnvloed. Ze zegt daarover: 'Wij waren de oren van mijn ouders, maar dat kon ook niet anders.'
Het broertje van Lars (6) is nog maar vier jaar als er kanker bij hem wordt geconstateerd. Er breekt een periode aan waarin bijna alle aandacht, zorg en energie van de ouders naar Lars' broertje uitgaat. Lars woont in die periode veel bij zijn tante, omdat zijn ouders soms weken achtereen in het Ronald McDonald Huis verblijven. De ouders van Lars onderkennen het probleem en ze doen dan ook zo goed mogelijk hun best er ook voor Lars te zijn. Maar dit kan niet voorkomen dat Lars zich vaak alleen voelt.

2. *Vergeldend onrecht*: hieronder vallen het onrecht en het leed dat mensen elkaar bewust of onbewust aandoen. Er is iemand verantwoordelijk voor wat er is gebeurd of aangedaan. Voorbeelden hiervan zijn misbruik en (psychische of emotionele) mishandeling of verwaarlozing.

> **Voorbeeld**
> De vader van Eric (9) heeft in een van zijn dronken buien een ernstig auto-ongeluk veroorzaakt. Als gevolg daarvan moet hij enkele maanden naar de gevangenis. Dat is al erg genoeg: Eric houdt veel van zijn vader en mist hem vreselijk. Nog moeilijker wordt het voor Eric als blijkt dat de kinderen in de klas hem erop aankijken en zelfs pesten omdat zijn vader gevangenzit.

Verdelend onrecht kan gemakkelijk leiden tot vergeldend onrecht.

> **Voorbeeld**
> De vader van Mirjam (17) komt uit een arm gezin en heeft vroeger geen goede opleiding kunnen volgen. Hij vindt het daarom vreselijk belangrijk dat zijn kinderen het goed doen op school. Mirjams oudere broer en zus kunnen goed leren – ze hebben op hun sloffen het vwo gehaald – maar voor Mirjam is leren al van jongs af aan een grote klus. Hoewel ze vreselijk haar best doet, is ze toch al eens blijven zitten. Dit jaar doet ze eindexamen, maar het is nog lang niet zeker of ze dat gaat redden. De vader van Mirjam maakt bijna dagelijks denigrerende opmerkingen over haar schoolprestaties en zij weet zich geen raad.

2.3.2 Tweede dimensie: psychologie

In tegenstelling tot de dimensie van de feiten is de dimensie van de psychologie zuiver subjectief. Objectieve feiten worden immers door individuele mensen op een verschillende manier verwerkt en geïntegreerd in hun leven. In de dimensie van de psychologie gaat het erom inzicht te krijgen in de wijze waarop iemand de feiten verwerkt of verwerkt heeft en de gevolgen daarvan voor de persoonlijkheidsontwikkeling. Belangrijke vragen in deze dimensie zijn dan ook: hoe heeft iemand de feiten beleefd? Wat hebben deze met iemand gedaan? Hoe heeft iemand belangrijke gebeurtenissen verwerkt? Op welke wijze hebben feiten iemands psychische ontwikkeling beïnvloed? Hoe denkt de cliënt over zichzelf, over anderen en de wereld om hem heen? Ook karakter en persoonlijkheid, verlangens, behoeften en overlevingsmechanismen horen in deze dimensie thuis. Om deze dimensie naar waarde te schatten is het noodzakelijk kennis te hebben van psychologische theorieën en benaderingen.

Voorbeelden

Zolang ze zich kan herinneren heeft Suzan al last van minderwaardigheidsgevoelens. Thuis, op school en ook nu in haar werk, altijd voelt ze zich minder leuk, minder aardig en minder bekwaam dan anderen.

Mark heeft een alcoholprobleem. 's Nachts wordt hij geplaagd door schuldgevoelens: hij voelt zich een waardeloze echtgenoot en een mislukte vader.

De vader van Mette (21) en Mark (19) heeft vijf jaar geleden een geslachtsveranderend transitieproces ondergaan. Als ze daarop terugkijken vindt Mette het erg stoer van haar vader en is ze trots op hem dat hij dit gedaan heeft. Mark echter schaamde zich toen en ook nu nog en probeert altijd te voorkomen dat zijn vrienden zijn vader ontmoeten.

2.3.3 Derde dimensie: interacties

In deze dimensie staan de interactie- en communicatiepatronen binnen een gezinssysteem centraal. Het gaat om het onderkennen van patronen van waarneembaar gedrag. De verschillende betrokkenen in een relatie drukken allemaal hun stempel op de wijze waarop zij met elkaar omgaan. Bovendien beïnvloeden zij elkaar en reageren zij op elkaars gedrag. Belangrijke vragen in deze dimensie zijn onder andere: hoe gaat dit gezin of deze familie met gebeurtenissen om? Hoe communiceren de betrokkenen met elkaar? Is er openheid in de onderlinge communicatie of juist niet? Zijn emoties bespreekbaar? Wie bepaalt de regels en op welke manier? Zijn relaties gelijkwaardig of juist ongelijkwaardig? Welke rol nemen gezinsleden in? Is er bijvoorbeeld een zondebok of iemand die voor de anderen gaat zorgen? Hoe is de relatie van een kind met zijn vader? Met zijn moeder? Hoe zijn de relaties tussen de kinderen onderling?

Voorbeeld

Op vrijdagmiddag belt de school van Mark Jansen (15): hij is voor de derde keer binnen een week de klas uitgestuurd. Zijn vader ontploft als hij het hoort, terwijl zijn moeder probeert de boel te sussen: het lag vast niet alleen aan Mark, dat is zo'n goede jongen. Het lukt de ouders vervolgens niet om samen over de situatie te praten. De rest van het weekend hangt er een geladen sfeer in het gezin. Geen van de andere kinderen weet wat er aan de hand is.

2.3.4 Vierde dimensie: relationele ethiek

In deze dimensie gaat het erom oog te krijgen voor de manier waarop de eerste drie dimensies invloed hebben of hebben gehad op de balans tussen geven en ontvangen. Heeft een kind van zijn ouders kunnen ontvangen wat het nodig had? Of waren er allerlei feiten, psychologische factoren en relatiepatronen die dat in de weg stonden? Heeft het kind aan zijn ouders kunnen geven? Hebben zijn ouders dat ook gezien en erkend? Of heeft het kind misschien meer (of juist minder) kunnen of moeten geven dan goed voor hem was?

> **Voorbeelden**
> Door de doofheid van haar ouders heeft Anneloes al jong allerlei dingen zelfstandig moeten regelen die eigenlijk nog te moeilijk voor haar waren. Daarbij kreeg ze vaak niet de steun en hulp die ze nodig had. Ook heeft ze vaak als spreekbuis of tolk gefunctioneerd tussen haar ouders en de buitenwereld. Terugkijkend zegt ze: 'Toen deed ik het gewoon. Maar achteraf zie ik dat het te zwaar en te groot was voor een meisje van mijn leeftijd.'
> Door de ziekte van zijn broertje moest de kleine Lars zijn ouders vaak missen. Ondanks dat ze probeerden ook echt aandacht en tijd voor Lars te hebben, voelde hij zich vaak alleen en verloren. Lars was vaak bang dat zijn broertje dood zou gaan. Dat hij 's nachts vaak niet kon slapen omdat hij daar telkens aan moest denken, vertelde hij maar niet aan zijn ouders: die hadden het al moeilijk genoeg.
> In de periode dat Erics vader in de gevangenis zit, is hij opeens de man in huis. Eric ziet wel hoe verdrietig zijn moeder vaak is en daarom helpt hij haar zo goed mogelijk. Toen hij laatst de kliko aan de kant van de straat wilde zetten, bleek die te zwaar en hij viel om. Er lag heel veel troep op straat. En boos dat zijn moeder toen was.
> Hoewel de kinderen Jansen niet weten wat er aan de hand is, voelen ze de spanning die er in huis heerst aan. Dochter Jeanet biedt aan te koken, de broers Jeroen en Kees houden zich gedeisd en spelen het hele weekend rustig met lego. Op deze manier proberen ze de spanning te verminderen en hun ouders weer wat vrolijker te stemmen.

Wanneer een kind niet van zijn ouders heeft kunnen ontvangen wat het nodig had, noemt Nagy dat ook *onrecht*. Hetzelfde geldt voor situaties waarin een kind ongezien heeft gegeven of wanneer het geven en zorg dragen te zwaar waren, gezien de leeftijd, ontwikkeling en persoonlijkheid van het kind.

2.3.5 De samenhang tussen de vier dimensies

Als contextueel werkend hulpverlener kun je een analyse maken van deze vier dimensies. In gesprek met de cliënt verken je de eerste drie dimensies: de feiten, de psychologie, en de relatie- en communicatiepatronen. Dit zul je voornamelijk in de intake- en onderzoeksfase van de hulpverlening doen. Pas wanneer je die in kaart hebt gebracht, kun je gaan kijken naar welke consequenties de gegevens van elke dimensie hebben voor de balanstussen geven en ontvangen in het leven van een cliënt.

De dimensies zijn onderling met elkaar verbonden. De dimensie van de relationele ethiek overkoepelt als het ware de andere drie en kleurt deze in. Feiten hebben invloed op de balans tussen geven en ontvangen. Als de vader in een gezin lijdt aan een lange, slopende ziekte (1. feiten) heeft dat zonder twijfel invloed op het geven en ontvangen van ieder van lid van het gezin (4. relationele ethiek). Wat die invloed is, zal per kind verschillen. Dat is gedeeltelijk afhankelijk van andere feiten, zoals geslacht en plaats in de kinderrij. Maar ook individuele psychologische factoren (2. psychologie) spelen een

2.4 · Ten slotte

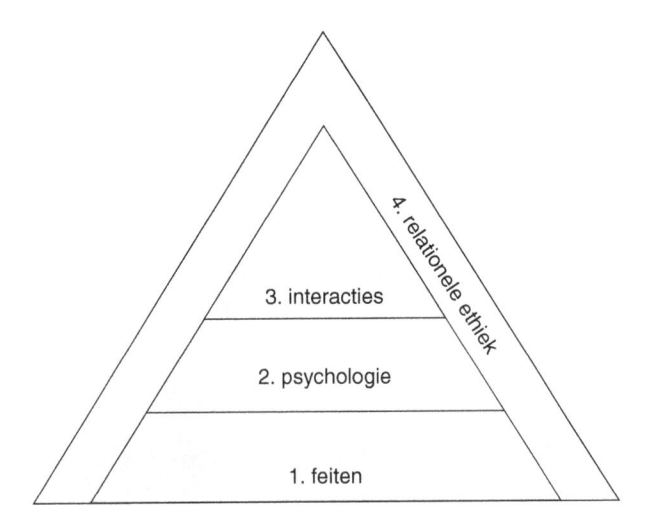

Figuur 2.1 weergave: piramide met lagen 1. feiten, 2. psychologie, 3. interacties, en zijde 4. relationele ethiek.

☐ **Figuur 2.1** De samenhang tussen de vier dimensies

rol. Iedere volwassene en ieder kind is uniek en zal op zijn eigen wijze reageren op dit ingrijpende gebeuren. Zo is er dus ook een verbinding tussen de tweede en de vierde dimensie. Ten slotte is het zo dat er binnen het gezin bepaalde interactie- en communicatiepatronen (3. interactie) zijn, die mede bepalen op welke manier de chronische ziekte van de vader de balans tussen geven en ontvangen beïnvloedt. Hierbij gaat het om vragen als: welke mogelijkheden had dit gezin om met elkaar over de ziekte te praten? Was er openheid of juist niet? Was er ruimte om emoties te tonen? In een gezin waar weinig emoties getoond worden, zal een van de kinderen misschien 's avonds in bed liggen huilen. Op deze manier ontvangt hij niet wat hij nodig heeft. En tegelijkertijd zorgt hij voor het gezin: door zich aan te passen aan de gezinscultuur zorgt hij ervoor dat het gezin niet nog verder uit het lood geslagen raakt. Aan de andere kant is het ook mogelijk dat, in een gezin waar veel meer ruimte is voor emoties, een kind zijn eigen verdriet opschort omdat hij ziet hoeveel verdriet zijn moeder heeft. Op deze manier zorgt hij voor zijn moeder: ze heeft het al moeilijk genoeg. Door dit gevende gedrag krijgt het kind echter zelf niet de aandacht en liefde die hij toch ook zo hard nodig heeft (☐ fig. 2.1).

De dimensie van de relationele ethiek overkoepelt als het ware de andere drie en kleurt deze nader in.

2.4 Ten slotte

Binnen de contextuele hulpverlening neemt de balans tussen geven en ontvangen een centrale plaats in. Er is nadrukkelijk oog voor wat een cliënt in het verleden binnen zijn context heeft kunnen of moeten ontvangen en geven – en de doorwerking daarvan op zijn leven en relaties in het hier en nu.

2.5 Opdrachten

- **Persoonlijke opdrachten:**
  - Geef vanuit jouw gezin van herkomst een beschrijving van de eerste drie dimensies van de relationele werkelijkheid.
  - Beschrijf vervolgens met voorbeelden hoe deze dimensies invloed hebben gehad op wat jij van je ouders hebt kunnen ontvangen en wat jij binnen je gezin hebt gegeven.
  - Geef enkele voorbeelden van verdelend of vergeldend onrecht binnen je eigen context. Denk hierbij niet alleen aan je eigen generatie, maar ook aan de generatie(s) boven jou: ken je voorbeelden van onrecht in de levens van je (groot)ouders? Beschrijf hoe dit onrecht de balans van geven en ontvangen heeft beïnvloed.
- **Toepassingsopdracht voor de beroepspraktijk:**
  - Maak naar aanleiding van een zelf gekozen casus een analyse in de vier dimensies van de relationele werkelijkheid. Bespreek deze analyse met een klasgenoot.

Erkenning

3.1 Inleiding – 22

3.2 Erkenning van onrecht – 22

3.3 Erkenning van verdienste – 23

3.4 Erkenning vanuit de context – 25

3.5 Ten slotte – 26

3.6 Opdrachten – 26

© Bohn Stafleu van Loghum is een imprint van Springer Media B.V., onderdeel van Springer Nature 2021
K. van Ieperen-Schelhaas, *Contextuele hulpverlening*, https://doi.org/10.1007/978-90-368-2547-4_3

3.1 Inleiding

Een hulpverlener die werkt vanuit de contextuele benadering zal in het contact met een cliënt zowel aandacht hebben voor het onrecht dat iemand is overkomen of aangedaan, als voor datgene wat die cliënt heeft gegeven. Deze aandacht vertaalt zich concreet in een handelwijze die *het geven van erkenning* wordt genoemd.

Wanneer je erkenning geeft, betekent dat dat je iets belangrijk vindt en daar de aandacht op vestigt. Je schat het op waarde. Door het te benoemen haal je het voor het voetlicht, je maakt het zichtbaar en geeft er belang aan. Het is de moeite waard. Voor cliënten is dat vaak heel helpend. Mensen zijn nogal eens geneigd om datgene wat ze hebben meegemaakt te bagatelliseren ('Het was nou eenmaal zo.') of om datgene wat ze hebben gegeven niet te zien of niet te waarderen ('Het is toch logisch dat je dat doet?').

In de contextuele benadering richt het geven van erkenning zich dan ook naar beide kanten: erkenning van onrecht en erkenning van verdienste.

3.2 Erkenning van onrecht

Hierbij geef je erkenning aan het onrecht dat iemand in zijn leven heeft meegemaakt of dat hem is aangedaan. Het gaat dus zowel om verdelend als om vergeldend onrecht. Door dit onrecht te benoemen en er aandacht voor te hebben, maak je het zichtbaar. Het is er en het mag er zijn. Soms hebben cliënten het gevoel over wat zij hebben meegemaakt of over wat hen is aangedaan diep weggestopt. Door erkenning te geven leg je het als het ware op tafel. Het krijgt een plek en het wordt bespreekbaar. Dat betekent vanzelfsprekend vaak ook dat er veel gevoelens van pijn en verdriet loskomen. In de erkenning van onrecht is al oog voor wat iemand mogelijk tekort is gekomen of ongepast heeft gegeven.

Je kunt als hulpverlener directe erkenning geven. Je neemt dan zelf het initiatief en benoemt het onrecht actief.

> **Voorbeelden**
> Wat moet dat moeilijk voor je geweest zijn, je was nog maar zo klein. En dan al geconfronteerd te worden met de ernstige ziekte van je moeder...
> Wat een loodzware last voor een tiener, om door je vader in vertrouwen genomen te worden over zijn eigen problemen...

Je kunt dit ook vragenderwijs doen. Je benoemt dan zelf eerst je indruk en geeft erkenning voor het onrecht in iemands leven. Door vervolgens te vragen hoe je cliënt dit beleefd heeft, hoor je welke woorden hij zelf geeft aan de moeilijke situatie waarin hij verkeert of verkeerd heeft. Die woorden kun je dan versterken.

> **Voorbeelden**
> Hulpverlener: 'Als ik zo naar je luister, krijg ik de indruk dat jij altijd ontzettend je best hebt gedaan om het je vader naar zijn zin te maken en dat dat vaak ten koste van jezelf is gegaan. Wat vind jij daar eigenlijk zelf van?' Cliënt: ... na enig peinzen ... 'Dat vind ik niet eerlijk...' Hulpverlener: 'Dat ís ook niet eerlijk...'

Er zijn ook cliënten die zich heel goed bewust zijn van de ernst van wat er tot nu toe in hun leven heeft plaatsgevonden. Zij hebben soms de neiging om die gevoelens te koesteren. Zo komen zij in een slachtofferrol terecht. Soms hebben mensen het nodig om een tijdje – of zelfs wat langer – in die positie te verkeren. Ze hebben behoefte aan veel erkenning voor hun leed. Het is goed om je als hulpverlener enerzijds te realiseren dat deze mensen deze erkenning van onrecht nodig hebben, maar je anderzijds ook bewust te zijn van het risico dat zij in hun slachtofferrol vast blijven zitten. Wanneer mensen in die rol blijven hangen, worden ze vaak passief en zijn ze niet goed in staat zelf weer initiatief te nemen om hun leven vorm te geven.

> **Voorbeeld**
> Een ambulant begeleider van mensen met Niet Aangeboren Hersenletsel (NAH) vertelt: Layla is moeder van drie opgroeiende kinderen. Door haar NAH is zij niet meer in staat haar kinderen emotioneel te steunen. Haar schoonzus kan dat wel en is voor haar kinderen hierin heel belangrijk. Dat maakte en maakt haar vaak verdrietig. In het begin gaf ik vooral erkenning van onrecht: 'Wat moet dat moeilijk voor je zijn om niet meer de moeder te kunnen zijn voor je kinderen die je vroeger was en die je zo graag wilt zijn.' Of ook: 'Het is niet niks om je zus de rol te zien vervullen die je zelf nog zo graag zou hebben in het leven van je kinderen.' Dat deed haar goed, maar gaandeweg merkte ik dat ze toch wel erg bleef hangen in het verdriet en in haar slachtofferschap. Voorzichtig ben ik toen met haar gaan verkennen hoe zij nog wel moeder kon zijn voor haar kinderen. Ze kan geweldig mooi voorlezen, is handig met de computer en heeft daarmee prachtige fotoboeken voor haar kinderen gemaakt. En ze heeft nog steeds veel humor: de kinderen kunnen geweldig met haar lachen.

3.3 Erkenning van verdienste

Erkenning van verdienste richt zich op wat een cliënt heeft gegeven of geeft aan zijn ouders en het gezin, of aan zijn kinderen. Vaak hebben anderen en hijzelf dit geven niet gezien of gewaardeerd. Mensen – en zeker kinderen – geven vaak intuïtief. Ze zijn zich dan ook dikwijls niet bewust van wat en hoeveel ze gegeven hebben. Wanneer het je als hulpverlener lukt om hun ogen daarvoor te openen, zet je veel in beweging. Zorg die gezien wordt, draagt immers bij aan een positief gevoel van eigenwaarde. Erkenning van verdienste is niet hetzelfde als een compliment. Bij een compliment waardeer je de prestatie, je benoemt dat je het knap of goed vindt wat iemand heeft gedaan. Erkenning van verdienste geeft aan dat je ziet wat iemand door wat hij gedaan heeft, heeft gegeven aan anderen. Het is dus een relationeel begrip.

> **Voorbeelden**
> Een compliment voor Anneloes zou als volgt kunnen klinken: 'Wat geweldig knap van zo'n jong meisje om al die dingen zelf te regelen, zonder de hulp van een van je ouders. Ik ben er erg van onder de indruk.'
> Erkenning van verdienste zou er als volgt uit kunnen zien: 'Dus als ik het goed begrijp heb jij als jong meisje al die dingen helemaal zelf geregeld, omdat je vond dat je

ouders al genoeg aan hun hoofd hadden. Door al die dingen zelfstandig te doen, zorgde je dus eigenlijk ook nog eens voor je ouders. Wat een zorgzaam kind was jij!'
Erkenning voor Layla zou kunnen zijn: 'Wat prachtig dat je zulke mooie fotoboeken hebt gemaakt van de eerste jaren van je kinderen. Je hebt ze daarmee een geschenk voor het leven gegeven.'
Of: 'Toen ik hier binnenkwam hing er zo'n gezellige sfeer. Het straalde ervanaf dat je dochter genoot van het verhaal dat je haar voorlas. Ze zat zo gezellig bij je op schoot – wat zal ze zich gekoesterd hebben gevoeld.'

Een schoolmaatschappelijk werkster op het vmbo geeft het volgende voorbeeld:

Voorbeeld
In de voorbereiding voor het naderend examen begeleid ik Aron, een jongen die er erg slecht voor staat. Een docent heeft een e-mail gestuurd naar de moeder van Aron, waarin hij zich beklaagt over Arons waardeloze werkhouding. Aron is woedend. Zijn moeder heeft het al zo zwaar en nu gaat ze zich natuurlijk hier ook nog eens zorgen over maken. Ik heb tegen Aron gezegd dat ik het erg lief van hem vind dat hij zo goed voor zijn moeder probeert te zorgen. Ik heb ook gezegd dat hij nu vooral even voor zichzelf moet zorgen en alles op alles moet zetten voor het examen. Zijn moeder is zijn moeder; zij moet nu wel alles weten over school om hem te kunnen helpen. Dat wil ze vast.
Daarna heb ik zijn moeder gebeld en verteld dat het me zo opviel dat hij, ook al ging het niet goed op school, zo'n behoefte heeft om voor zijn moeder te zorgen. Zijn moeder herkende dat en gaf aan dat ze erg blij is met de zorg van haar zoon. Ik heb tegen haar gezegd dat ik het ook erg lief van hem vind, maar dat hij haar nu nodig heeft om goed te kunnen werken. Ik heb haar wat tips gegeven over hoe ze dat zou kunnen doen. Zijn moeder bedacht toen zelf dat ze Aron eerst zou bedanken voor zijn steun en hem daarna aan het werk zou proberen te zetten.

Ook ouders hebben erkenning nodig voor de zorg die zij aan hun kinderen geven. Ouders kunnen soms zo vastzitten in hun gevoel van tekortschieten dat zij zelf niet meer zien hoeveel ze geven en investeren.

Voorbeeld
De dertienjarige dochter van Melvin (38) is betrapt op winkeldiefstal en blijkt al heel wat op haar kerfstok te hebben. Het gezin komt in de hulpverlening terecht. Aanvankelijk komt Melvin over als een afstandelijke en weinig betrokken vader. Tot hij vertelt over zijn eigen jeugd: als kind heeft hij ernstig geleden onder de alcoholverslaving en de daaruit voortkomende woedeaanvallen van zijn vader, waarbij deze regelmatig gewelddadig werd. Toen hij zelf kinderen kreeg, had hij één grote angst: dat hij net zo zou worden als zijn vader. Hij heeft daarom altijd hard gewerkt en zich een beetje afzijdig gehouden van het gezin. Liever dat, dan dat hij zijn kinderen zou slaan. De gezinscoach pakt dit positief op en geeft Melvin erkenning voor deze

inspanning. 'Wat geweldig goed van je dat het je gelukt is om niet te drinken en je kinderen niet te slaan. Dat is geen geringe prestatie als je zelf zo'n ander voorbeeld hebt gehad! Ik zie daarin hoe graag je een goede vader wilt zijn voor je kinderen.' Deze erkenning doet Melvin zichtbaar goed. Blijkbaar is hij niet helemaal mislukt als vader. Dit geeft hem voldoende ruggensteun om verder te spreken over wat zijn dochter nu van haar vader nodig heeft.

Binnen het proces van hulpverlening zal erkenning van verdienste uiteindelijk een positiever effect hebben dan erkenning van onrecht. Geven dat gezien wordt, leidt immers tot zelfvalidatie en een positief zelfbeeld. Daardoor groeit iemand in kracht en is hij uiteindelijk beter in staat om te komen tot verandering.

Als hulpverlener sluit je aan bij datgene wat voorop ligt en wat dus in eerste instantie de meeste aandacht nodig heeft. Vaak is dat het onrecht, de geleden pijn. Daar ga je dan als eerste op in. Je richt je dan in de eerste plaats op het geven van erkenning voor het onrecht. Uiteindelijk wil je wel toe naar de erkenning van het geven, omdat daar het meeste perspectief ligt.

3.4 Erkenning vanuit de context

Voor een cliënt is de erkenning die hij van een hulpverlener ontvangt heel belangrijk. Het betekent immers dat iemand ziet wat jou is overkomen of aangedaan én wat je hebt gegeven. Als hulpverlener ben je nogal eens de eerste die hier oog voor heeft. Toch is de erkenning door een professional niet het uiteindelijke doel. Waar je naar streeft, is dat binnen een familie dit proces van erkenning geven op gang gebracht wordt, doordat leden uit het systeem elkaar erkenning gaan geven. Wanneer je een cliënt alleen ziet, dus zonder zijn systeem, kun je hem vragen zijn ouders of andere gezinsleden uit te nodigen voor een gezamenlijk gesprek. Soms blijkt dat niet nodig, omdat iemand zelf het gesprek aan wil en kan gaan.

> **Voorbeeld**
> Patrick (20), student, is vastgelopen in zijn sociale contacten en zoekt daarom hulp. Als oorzaak van zijn problemen noemt hij dat hij vroeger is gepest door klasgenoten. Hij heeft dat pesten overleefd door een soort muurtje om zich heen te bouwen, waardoor het leek alsof het hem niet raakte. Hij ging, veelal alleen, zijn eigen gang. Nu blijkt hij echter dat muurtje niet meer te kunnen afbreken en daar heeft hij last van in de omgang met anderen. Hij ervaart altijd afstand en vindt het moeilijk om iets van zichzelf te laten zien. Nog steeds is hij veel alleen en daar baalt hij steeds meer van. Toen Patrick in groep 8 zat, verhuisde het gezin naar een ander gedeelte van het land. Ieder lid van het gezin vond dit heel erg, maar ze hadden geen keuze: het was nodig voor vaders werk. Op de nieuwe school begon het pesten en dat ging door toen Patrick naar de middelbare school ging.
> De studentenpsycholoog geeft erkenning voor het leed dat het pesten heeft aangericht (erkenning van onrecht). Vervolgens vraagt hij hoe Patricks ouders hebben

gereageerd op het pesten en hoe zij hebben geprobeerd hun zoon te helpen. Dan blijkt dat Patrick nooit aan zijn ouders heeft verteld wat er op school gebeurde. Hij zegt: 'Zij wilden ook helemaal niet verhuizen en ze hadden het al moeilijk genoeg. Bovendien ging het niet zo goed met mijn jongste broertje.'
Patrick heeft dus voor zijn ouders gezorgd door hen niet te belasten met de problemen waar hij mee te kampen had. De studentenpsycholoog benoemt dit expliciet en geeft Patrick erkenning voor de zorg die hij aan zijn ouders heeft gegeven (erkenning van verdienste). Hij vraagt ook of zijn ouders weten dat Patrick op deze manier heeft geprobeerd hen niet te belasten. En wat zij ervan zouden vinden. Patrick heeft geen flauw idee. De studentenpsycholoog bespreekt met hem de mogelijkheid om hierover met zijn ouders in gesprek te gaan. Patrick overweegt zijn ouders uit te nodigen om een keer met hem mee te gaan, maar trekt uiteindelijk enkele weken later zelf de stoute schoenen aan. Hij vertelt zijn vader van het pesten van vroeger én van de reden waarom hij dit nooit eerder aan zijn ouders verteld heeft. De reactie van zijn vader is hartverwarmend: hij is tot tranen toe bewogen als hij hoort wat zijn zoon heeft meegemaakt. Maar hij is minstens zo ontdaan van 'het geven' van Patrick door te zwijgen. Hij vindt het heel erg dat de moeder van Patrick en hij er toen niet voor Patrick zijn geweest. Vader en zoon – en later ook moeder – hebben hier een lang gesprek over. De erkenning door zijn vader doet Patrick erg goed. Hij voelt zich getroost en gezien. En daardoor groeit hij in zelfvertrouwen. En juist dat helpt hem om in zijn studentenwereldje langzaam maar zeker te groeien in het sluiten van vriendschappen.

3.5 Ten slotte

Het geven van erkenning, zowel van onrecht als van verdienste, is een specifieke contextuele interventie. Het kenmerkende van erkenning is dat het op een diep niveau inzicht biedt en recht doet aan wat iemand is aangedaan of overkomen – of wat iemand zorg dragend heeft gegeven. Erkenning raakt het wezen van een persoon. Het levert een belangrijke bijdrage aan iemands gevoel van eigenwaarde en helpt hem ook om meer oog te krijgen voor zijn eigen behoeften, verlangens en belangen.

3.6 Opdrachten

- **Persoonlijke opdrachten:**
  - Heb jij zelf weleens erkenning van onrecht of erkenning van verdienste ontvangen? Kun je hiervan een voorbeeld geven binnen je gezin van herkomst? Neem dit voorbeeld op in je logboek. Je mag ook een voorbeeld geven uit een andere situatie.
  - Heb jij zelf weleens erkenning van onrecht of verdienste aan een eigen gezins- of familielid gegeven? Beschrijf dit voorbeeld.
  - Aan wie uit jouw gezin of familie zou jij erkenning van onrecht of verdienste willen geven? Waarvoor? En met welke woorden?

3.6 · Opdrachten

- **Toepassingsopdracht voor de beroepspraktijk:**
  - Speel naar aanleiding van een zelfgekozen casus een rollenspel waarin je oefent met het geven van erkenning, zowel van onrecht als van verdienste. Dit kan zeker ook een eigen ervaring van jou of van een medestudent zijn.

De dialoog

4.1 Inleiding – 30

4.2 De dialoog – 30

4.3 Het gebruik van hulpbronnen – 32

4.4 Mogelijke vragen – 33

4.5 Ontschuldigen – 33

4.6 Ten slotte – 34

4.7 Opdrachten – 34

© Bohn Stafleu van Loghum is een imprint van Springer Media B.V., onderdeel van Springer Nature 2021
K. van Ieperen-Schelhaas, *Contextuele hulpverlening*, https://doi.org/10.1007/978-90-368-2547-4_4

4.1 Inleiding

Een contextueel hulpverlener probeert binnen de context een wezenlijk gesprek op gang te brengen over wat er is gebeurd of wat tussen de betrokkenen speelt. Dit in gesprek gaan van een cliënt met andere belangrijke personen uit de context noem je ook wel *de dialoog aangaan*. In het Nederlands taalgebruik wordt met een dialoog ieder gesprek tussen twee of meer mensen bedoeld. Binnen de contextuele benadering is de dialoog meer dan een gesprek – het is een wezenlijke ontmoeting die helend kan werken en is bedoeld om het vertrouwen tussen de cliënt en zijn belangrijke relaties weer te voeden en te herstellen. In dit hoofdstuk wordt dieper op deze dialoog ingegaan.

4.2 De dialoog

Door een cliënt te helpen de dialoog aan te gaan, probeert de hulpverlener te bewerkstelligen dat betrokkenen uit de context elkaar erkenning gaan geven voor geleden onrecht en voor verdiensten. Wanneer dat gebeurt, helpt dat cliënten enorm in hun proces. Het draagt bij aan hun zelfafbakening (ik ben ik – anders dan iemand anders) en zelfvalidatie (ik ben waardevol). Dit draagt ertoe bij dat zij op een andere, vrijere manier in hun leven en hun relaties komen te staan. Het aangaan van de dialoog is echter vaak een kwetsbaar gebeuren. Cliënten hebben hun eigen – vaak goede – redenen waardoor zij tot nu toe zo'n ontmoeting uit de weg zijn gegaan. Hulpverlener en cliënt kunnen dan ook samen overeenkomen dat het aangaan van de dialoog voor dit moment nog een te grote stap is. Zij kunnen dan kiezen voor een moratorium: een soort pauze, waarbij het moment van de dialoog in de toekomst ligt, maar er samen al wel voorbereidend werk wordt verricht met het oog op dit gesprek.

Om een dialoog aan te kunnen gaan, is de verwachting van wederzijds respect noodzakelijk. In een dialoog gaat het niet om 'de' waarheid, maar om wat een situatie voor iemand heeft betekend.

> **Voorbeeld**
> Annelies (20), die worstelt met haar identiteitsontwikkeling, gaat in gesprek met haar alleenstaande moeder. Ze vertelt hoe ze geleden heeft onder de pesterijen van haar broer. En hoe moeilijk het voor haar was dat juist zij vaak op haar kop kreeg omdat ze zo verschrikkelijk boos kon worden. Alsof het aan haar lag. Het pesten door haar broer werd niet of nauwelijks gezien. Annelies probeerde thuis de sfeer weer te verbeteren door allerlei klusjes te doen: de tafel dekken, koken, opruimen. Haar broer deed nooit wat. Ze heeft echter het gevoel dat haar moeder dat vaak niet zag of waardeerde. Annelies vertelt hoeveel impact dit op haar leven heeft gehad, dat zij nog altijd het gevoel heeft dat het haar schuld is als er dingen misgaan en dat ze heel onzeker is in het aangaan van vriendschappen.

Annelies stelt zich kwetsbaar op door aan haar moeder te vertellen hoe het voor haar geweest is en wat de gevolgen daarvan voor haar zijn. Ze heeft het nooit durven bespreken omdat ze bang was dat haar moeder zich daardoor schuldig zou voelen, alsof ze geen goede moeder was. In het hulpverleningstraject heeft ze gezien dat ze door dit gedrag

4.2 · De dialoog

voor haar moeder zorgde en daardoor zelf tekortkwam. Uiteindelijk heeft ze besloten haar moeder in ieder geval de kans te geven om hierin voor haar te zorgen. En tot haar verrassing bleek haar moeder open te staan voor haar verhaal.

> **Voorbeeld**
> De moeder van Annelies schrikt zichtbaar van wat haar dochter vertelt. Ze is echter goed in staat om hierin oog te hebben voor wat Annelies nodig heeft: erkenning van het onrecht. Het moet vreselijk geweest zijn voor Annelies het gevoel te hebben gehad dat het allemaal haar schuld was. En het spijt haar oprecht dat zij dit nooit heeft gezien. Enkele weken later wil Annelies graag van haar moeder weten hoe zij op deze periode terugkijkt. Hierop vertelt haar moeder hoe erg ze het vond dat haar kinderen zoveel ruzie maakten. Zelf komt ze uit een gezin waar nooit ruzie was. Toen de kinderen klein waren en kibbelden, vond ze dat eigenlijk wel fijn. Zij had het nooit geleerd en wilde dat haar kinderen beter met conflicten om konden gaan. Maar toen de kinderen groter werden groeide het haar vaak boven het hoofd. Ze heeft geprobeerd het pesten van haar zoon te stoppen, maar realiseert zich dat ze veel niet heeft gezien. Omdat Annelies zo heel erg boos kon worden, heeft ze geprobeerd haar daarin te begrenzen – maar zich nooit gerealiseerd hoe oneerlijk dat in de ogen van Annelies geweest moet zijn. Ze vond het vooral heel jammer dat het contact tussen Annelies en haar zo slecht was, ze had altijd gehoopt met haar dochter een goede relatie op te bouwen en leuke dingen te kunnen doen.

Door Annelies en haar moeder te helpen de dialoog met elkaar aan te gaan, ontstaat er ruimte om naar elkaar uit te spreken waarnaar ze verlangen in hun contact en om daaraan in de toekomst beter vorm te kunnen geven.

Niet altijd zal een dialoog opleveren waar een cliënt op hoopt. Soms loopt een ontmoeting uit op een grote teleurstelling. Dat is heel moeilijk. Tegelijkertijd is het ook zo dat een gesprek dat tegenvalt naast veel verdriet ook rust kan geven.

> **Voorbeeld**
> Geert-Jan (33) heeft als kind zijn vader enorm gemist. Zijn vader was altijd aan het werk. En ook wanneer hij er wel was, was zijn aandacht niet bij het gezin. Hij was altijd druk met werk, kerk of andere zaken. Nu hij net zelf vader is geworden, is Geert-Jan bang en onzeker. Hij heeft hier zoveel last van dat hij hulp heeft gezocht. Na enkele weken nodigt hij zijn vader uit om een keer mee te komen naar een gesprek. De opmaat is al niet positief: zijn vader heeft het eigenlijk te druk voor een gesprek over vroeger. Toch stemt hij erin toe, omdat Geert-Jan duidelijk maakt dat hij het echt graag wil. Wanneer het zover is, begrijpt Geert-Jans vader niets van zijn verhaal. 'Ik heb toch altijd goed voor jullie gezorgd? Er was altijd genoeg geld voor wat dan ook en we gingen twee keer per jaar op vakantie. Je moet niet zo moeilijk doen, jongen.' Geert-Jan is aanvankelijk erg verdrietig en teleurgesteld. Hij had zo gehoopt dat zijn vader hem zou snappen, misschien zelfs zou zeggen dat hij het niet goed had gedaan en dat Geert-Jan vooral meer tijd aan zijn gezin moest besteden. Maar na een periode van rouw geeft het hem uiteindelijk ook rust. Dit is het dus. Hier moet hij het mee doen. Die rust geeft hem ruimte om verder na te denken over zijn eigen vaderschap.

4.3 Het gebruik van hulpbronnen

Het kan ook zo zijn dat een cliënt uiteindelijk de dialoog niet aan durft te gaan. De angst voor afwijzing of teleurstelling is dan (nog) te groot. Of het zal blijvend niet meer mogelijk zijn omdat degene al is overleden. De hulpverlener kan zijn cliënt dan vragen of er iemand anders is met wie hij in gesprek zou kunnen gaan. Deze persoon wordt wel een hulpbron genoemd. Een hulpbron is iemand vanuit de context van de cliënt in wie hij voldoende vertrouwen heeft om een beroep te doen op zijn steun. Regelmatig zal dat iemand zijn die ook eerder in zijn leven van betekenis is geweest voor de cliënt. Een hulpbron kan een belangrijke bron van erkenning zijn.

> **Voorbeelden**
> Hélène (42) heeft als kind ernstig geleden onder haar dominante vader. En ook nu nog richt zij haar leven en haar relatie met hem sterk in naar zijn verwachtingen. Wanneer zij daarin faalt is zijn veroordeling scherp. Ze heeft er haar handen vol aan om zijn afwijzing te voorkomen. Rechtstreeks met hem in dialoog gaan durft ze (nu nog) niet aan. In gesprekken met haar hulpverlener verkent zij andere mogelijkheden. Aanvankelijk ziet ze ook een gesprek met haar moeder niet zitten, totdat zij na een val tijdens een familieweekend onverwacht met haar moeder aan de koffie belandt. Daar spreekt zij voor het eerst vrijuit met haar moeder over haar pijn en moeite. Haar moeder blijkt een goede hulpbron: zij luistert naar haar dochter en geeft veel erkenning voor het onrecht dat haar door haar moeilijke vader is aangedaan. Haar moeder zelf houdt echter veel van vader, ondanks zijn moeilijke karakter. Dat is belangrijk voor Hélène: op veroordeling van haar vader door haar moeder zit ze niet te wachten. Nadat zij goed geluisterd heeft naar haar dochter, moedigt haar moeder haar aan om meer haar eigen weg te gaan en minder met haar vaders verlangens rekening te houden. De daarop volgende maanden blijft haar moeder dat regelmatig doen.
> Anton (39) worstelt met de gespannen sfeer die bij zijn ouders thuis heerst, waardoor hij er steeds meer tegenop gaat zien naar hen toe te gaan. Hij durft het niet bespreekbaar te maken, bang als hij is om zijn ouders daarmee te kwetsen. In overleg met zijn maatschappelijk werker schrijft hij zijn oudste broer een brief, waarin hij vertelt hoe het met hem gaat. Naar aanleiding daarvan maken ze samen een lange wandeling. Het is voor het eerst dat de broers samen praten over thuis en over vroeger. En hoewel dat niet gemakkelijk is, ervaren ze beiden hoe goed het is om het te kunnen delen.

Er zijn ook andere manieren denkbaar waarop hulpbronnen ingeschakeld kunnen worden. Een tante, de zus van moeder, die haar verhaal over vroeger kan doen. De vroegere buurvrouw, bij wie de cliënt als kind veel over de vloer kwam: wat weet zij te vertellen over het gezin van toen? Overigens hoeft een hulpbron niet altijd relationeel te zijn. Ervaringen die mensen opdoen in bijvoorbeeld de natuur, muziek, kunst of geloofs- of levensovertuiging kunnen helpend zijn om om te gaan met moeilijke gebeurtenissen in het verleden of heden.

4.4 Mogelijke vragen

De volgende vragen kunnen bruikbaar zijn als je in gesprek wilt komen over de context van een cliënt:
- Hoe was dat vroeger bij jou thuis? Hoe ging dat in het gezin waarin je zelf bent opgegroeid?
- Op welke manier heb jij vroeger thuis geleerd om met zulke dingen om te gaan?
- Welke plek had jijzelf in het gezin waarin je opgroeide?
- Wat wil je graag vanuit je eigen opvoeding doorgeven aan je kind?
- Wat zou je graag anders willen doen?
- Hoe was de relatie met je eigen vader of moeder?

De volgende vragen richten zich vooral op wat een kind geeft of heeft gegeven in het gezin:
- Wie heeft gezien op welke manier jij hebt geprobeerd je ouders te helpen?
- Hoe hebben je ouders gereageerd op wat jij toen meemaakte?
- Op welke manier laten je ouders merken dat ze waarderen wat je voor hen doet (of gedaan hebt)?

Mogelijke vragen die je aan ouders kunt stellen als het gaat om het geven van hun kind:
- Op welke manier heeft uw kind geprobeerd u te steunen in uw moeilijke situatie?
- Hoe hebt u aan uw kind laten merken dat u dit hebt gezien?

4.5 Ontschuldigen

Door de meerzijdig partijdige basishouding van de hulpverlener en door het aangaan van de dialoog, kan er een proces op gang komen dat ontschuldigen genoemd wordt. Dit is een proces waarin de hulpverlener zijn cliënt helpt om los te komen van de verwijten aan het adres van zijn ouders over wat hij van hen tekort is gekomen of wat zij hem hebben aangedaan.

Bij ontschuldigen gaat het om een volwassen hertaxatie van wat er in iemands jeugd gebeurd is. De cliënt komt tot het inzicht dat hij weliswaar beschadigd is in de relatie met (een van) zijn ouders, maar dat deze het ook heeft moeten doen met zijn of haar mogelijkheden van dat moment. De cliënt gaat zien dat zijn vader of moeder zelf ook schade heeft opgelopen in de eigen jeugd en dat de invloed daarvan heeft doorgewerkt in diens mogelijkheden tot ouderschap.

Ontschuldigen is niet hetzelfde als vergeven. Bij vergeven wordt de schuld erkend, maar degene die vergeeft rekent de schuld niet meer aan. Bij ontschuldigen verdwijnt de beschuldiging door het begrip dat je weliswaar tekortgekomen bent, maar dat de ander niet bij machte was om te geven wat je nodig had. Ontschuldigen geeft een cliënt de ruimte om iets te doen aan de gevolgen van wat hij tekort is gekomen of wat hem is aangedaan. Daarmee neemt hij ook de verantwoordelijkheid om de roulerende rekening te doorbreken: voor zover het in zijn vermogen ligt zal hij zijn eigen tekorten niet verhalen op onschuldige derden.

4.6 Ten slotte

Het aangaan van de dialoog is vaak niet eenvoudig. Cliënten hebben hun eigen – vaak goede – redenen waardoor zij tot nu toe zo'n ontmoeting uit de weg zijn gegaan. Hulpverlener en cliënt kunnen samen overeenkomen dat het aangaan van de dialoog voor dit moment nog een te grote stap is. Zij kiezen dan voor een moratorium: een soort pauze, waarbij het moment van de dialoog in de toekomst ligt, maar er samen al wel voorbereidend werk wordt verricht met het oog op dit gesprek. Door een cliënt te helpen om de dialoog met zijn ouder(s) aan te gaan, probeert de hulpverlener de balans tussen geven en ontvangen weer in beweging te brengen. Onrecht en verdienste in de relatie worden zichtbaar en bespreekbaar gemaakt, waardoor een proces van erkenning geven op gang kan komen. Zo kan er een nieuwe verbinding tussen de cliënt en diens context ontstaan, die helend is.

4.7 Opdrachten

- **Persoonlijke opdrachten**:
    - Ben jij weleens een gesprek met je ouders aangegaan over dingen die lastig voor jou waren of zijn? Hoe was dat voor je?
    - Als je dat nooit gedaan hebt: waar zou je het met hen over willen hebben?
    - Wat houdt jou tegen om de dialoog met je eigen ouders aan te gaan?
    - Wie of wat zijn of waren belangrijke hulpbronnen voor jou?
- **Toepassingsopdracht voor de beroepspraktijk**:
    - Kies een casus naar aanleiding waarvan je bedenkt hoe je een cliënt helpt de dialoog aan te gaan.
    - Hoe zou je hulpbronnen kunnen gebruiken?

Intergenerationele verbondenheid

5.1 Inleiding – 36

5.2 Meerdere generaties – 36

5.3 De historiciteit van de problematiek – 38

5.4 Familie-erfgoed: legaten en delegaten – 39
5.4.1 Legaten – 40
5.4.2 Delegaten – 41

5.5 Ten slotte – 44

5.6 Opdrachten – 45

© Bohn Stafleu van Loghum is een imprint van Springer Media B.V., onderdeel van Springer Nature 2021
K. van Ieperen-Schelhaas, *Contextuele hulpverlening*, https://doi.org/10.1007/978-90-368-2547-4_5

5.1 Inleiding

Zoals ▶ H. 1 al beschreef, beziet de contextuele benadering de problematiek waarmee iemand worstelt niet alleen als de hulpvraag van een individuele cliënt. Ze probeert deze te plaatsen en te begrijpen in het licht van diens (intergenerationele) context.

5.2 Meerdere generaties

Een cliënt is altijd verbonden met de verschillende generaties voor en na hem. Wie iemand is geworden, staat niet op zichzelf. Iemand is gevormd door waar hij vandaan komt. Net zoals zijn ouders het op hun beurt ook weer moesten doen met hun ouders en wat het leven hen bracht. Binnen de contextuele hulpverlening wordt dan ook gekeken naar de samenhang tussen ten minste drie generaties: die van de cliënt, zijn ouders en grootouders. En wanneer de cliënt kinderen heeft of hoopt te krijgen, heeft hij ook die generatie op het oog. Het gaat dus om een verbondenheid met drie of vier geslachten: grootouders (vierde generatie), ouders (derde generatie), de cliënt (tweede generatie) en diens kinderen (eerste generatie). Deze verbondenheid van de cliënt met de generaties voor en na hem noemen we ook wel *de intergenerationele verbondenheid*.

Belangrijke gebeurtenissen in het verleden beïnvloeden soms nog generaties lang het leven van mensen. Problematiek komt dan ook nogal eens in een ander licht te staan wanneer het in de levens- en familiegeschiedenis van een cliënt wordt geplaatst.

> **Voorbeeld**
> Mirjam (34) is getrouwd en moeder van drie jonge kinderen. Ze werkt in de zorg en draait twee keer twee nachtdiensten per maand. Mirjams man heeft een drukke baan. Hij gaat vroeg de deur uit en komt pas laat weer thuis.
> Mirjam vraagt hulp bij het maatschappelijk werk omdat de zorg voor haar gezin, haar huishouden en haar baan haar boven het hoofd dreigt te groeien. Ze kan het allemaal niet meer aan en voelt zich oververmoeid en neerslachtig. In de loop van de gesprekken wordt duidelijk dat het Mirjam erg veel moeite kost om haar leven te structureren en om grenzen te stellen. Bovendien klaagt ze erover dat haar moeder te pas en te onpas komt binnenvallen om zich overal mee te bemoeien.

Dit is de situatie zoals die nu is, in het leven van Mirjam, haar man en haar kinderen. De maatschappelijk werkster probeert eerst een helder beeld te krijgen van de problematiek in het hier en nu. Vervolgens gaat ze met Mirjam in gesprek over de manier waarop zij in het gezin waarin ze zelf opgegroeid is, geleerd heeft om verantwoordelijkheid te dragen en grenzen te stellen.

> **Voorbeeld**
> Mirjam is opgegroeid als oudste in een gezin met drie dochters. Haar vader had een drukke baan en haar moeder regelde de dingen thuis. Mirjam herinnert zich nauwelijks iets in het huishouden te hebben hoeven doen. Moeder deed dat allemaal zelf – tot het schoonhouden van de kamers van haar kinderen aan toe. Voor Mirjam

5.2 · Meerdere generaties

en haar zussen was er alle tijd om te spelen en uit te gaan. Wel was haar moeder erg streng op het schoolwerk. Ze liet haar dochters daarin weinig vrijheid, was strikt in de studietijden, controleerde, overhoorde en hield goed de vinger aan de pols als het op cijfers aankwam.

Het lijkt erop dat Mirjam thuis niet geleerd heeft om zelf passende verantwoordelijkheid te dragen voor haar eigen dingen: haar moeder regelde het huishouden en maakte zelfs haar kamer schoon. Maar ook wat betreft haar huiswerk had haar moeder in feite de regie en kreeg Mirjam weinig gelegenheid zelf te leren plannen en organiseren. Nu haar moeder zich ook nu nog met haar leven blijft bemoeien, realiseert Mirjam zich dat dat nooit anders geweest is. Ze zit vol boosheid en wrok ten opzichte van haar moeder. In de gesprekken met de hulpverleenster komt dit nadrukkelijk aan de orde. Je zou kunnen zeggen dat Mirjam niet passend heeft kunnen geven aan haar moeder doordat ze geen bijdrage hoefde te leveren aan het huishouden. Evenmin heeft ze kunnen geven door zelf verantwoordelijkheid voor haar schoolwerk te dragen. Ze heeft daarentegen altijd veel ontvangen aan verzorging en zorg – meer dan passend was gezien haar leeftijd en ontwikkeling.

Op zeker moment vraagt de maatschappelijk werkster of Mirjam iets kan vertellen over de jeugd van haar moeder:

Voorbeeld
Oma, die Mirjam alleen uit verhalen kent, zou een ziekelijke vrouw geweest zijn die veel op bed lag. Haar moeder heeft als oudste dochter een groot deel van het gezin gerund: zowel het huishouden als het opvoeden van de jongere zussen en broers werd aan haar overgelaten. Om die reden heeft haar moeder nooit haar opleiding kunnen afmaken. Mirjam realiseert zich dat ook haar moeder weinig ervaring heeft opgedaan met gezonde grenzen en verantwoordelijkheden.

Het inzicht in de wijze waarop grenzen stellen en dragen van passende verantwoordelijkheid zich in haar intergenerationele context hebben ontwikkeld, levert bij Mirjam aanvankelijk veel gevoelens van boosheid en teleurstelling op. Ze voelt zich slachtoffer van wat er blijkbaar in haar familie van generatie op generatie wordt overgedragen. De verschijningsvorm verschilt: er wordt beurtelings te veel of juist te weinig verantwoordelijkheid gedragen. Maar in de kern draait het om hetzelfde thema. Het keerpunt komt op het moment dat Mirjam zich realiseert dat zij op haar beurt bezig is de familiegeschiedenis te herhalen.

Voorbeeld
Marlien (9) is de oudste dochter van Mirjam. Marlien heeft veel taken in huis: ze stofzuigt, dekt de tafel, houdt haar eigen kamer schoon en brengt vaak haar jongere broer en zus weg of haalt ze op. Het dringt tot Mirjam door dat Marlien wel een heel grote taak in het huishouden heeft, groter dan andere kinderen van haar leeftijd. Mirjam vraagt haar heel gemakkelijk om dingen te doen, omdat ze het zelf allemaal niet aankan.

Het is dit inzicht dat Mirjam uiteindelijk de kracht geeft om in beweging te komen. Ze wil het haar dochter niet aandoen dat ook zij zorg draagt op een manier die niet goed voor haar is en zo uiteindelijk niet leert om op een goede manier met verantwoordelijkheid om te gaan. Ze gaat dan ook hard aan de slag om zelf de verantwoordelijkheid voor haar leven op zich te nemen: ze leert plannen en organiseren, gaat een gesprek aan met haar moeder, waarin ze haar grenzen aangeeft, en volgt een cursus 'opruimen' bij een plaatselijke welzijnsorganisatie. Na verloop van tijd voelt Mirjam zich duidelijk minder moe en heeft ze het gevoel veel meer grip op haar eigen leven en gezin te hebben.

Dit voorbeeld illustreert hoe een belangrijk gegeven uit de vierde generatie, namelijk de chronische ziekte en bedlegerigheid van Mirjams oma, invloed heeft gehad op de wijze waarop kinderen, kleinkinderen en zelfs achterkleinkinderen geleerd hebben om te gaan met het dragen van verantwoordelijkheid en het aangeven van grenzen. Dit inzicht in een familiepatroon blijkt voor Mirjam helpend om tot groei en verandering te komen.

Soms is het spreken over iemands familie en geschiedenis niet of nauwelijks mogelijk omdat de cliënt dat niet wil of er het nut niet van inziet. Een reclasseringswerker vertelt hoe hij om aan een constructieve samenwerkingsrelatie te bouwen, deze wens respecteert en aansluit bij het hier en nu. En hoe (de komst van) een nieuwe generatie een belangrijke drijfveer kan zijn om patronen uit het verleden en de familiegeschiedenis te willen doorbreken.

> **Voorbeeld**
> Mike (34) heeft verplicht contact met de reclassering in het kader van een voorwaardelijke veroordeling. Hij wil de gesprekjes zo kort mogelijk houden, niet over het verleden praten en zeker niet over zijn familie. Uit eerdere rapportages weet ik dat hij als kind door zijn ouders ernstig is mishandeld en dat zijn vader meerdere keren gevangen heeft gezeten wegens openlijke geweldpleging. Ook van zijn opa is bekend dat deze regelmatig met de politie in aanraking kwam.
> We spreken regelmatig over de relatie met zijn vriendin, met wie hij al tien jaar lang een knipperlichtrelatie heeft. Tijdens de periode van toezicht raakt zijn vriendin zwanger. De relatie staat vaak op knappen, maar ze willen toch ook gaan voor een gezamenlijke toekomst voor hun kindje. Mike pleegt in deze periode echter een nieuw delict. Tijdens het vervolgtraject wordt hij wat kwetsbaarder en opener. Langzaam groeit er motivatie voor een toekomst zonder politie en justitie. Ik stel vragen als *'Wat voor vader gun jij je kind?'*, *'Mag jij het van jezelf anders doen dan jouw vader het heeft gedaan?'* of *'Welke impact heeft jouw detentie op je relatie met je vriendin en jullie kindje?'* Hierover pratend blijven we in het heden, maar het raakt aan het verleden én de toekomst. Mike wil zijn kindje geven wat hij heeft gemist. Dat zal nog een lange weg zijn, maar door de generaties heen zijn er toch dingen aan het veranderen. Hierbij is de jongste generatie een krachtige bron van motivatie.

5.3 De historiciteit van de problematiek

Het plaatsen van de problematiek in iemands intergenerationele context of levensgeschiedenis wordt ook wel *de historiciteit van de problematiek* genoemd. Hierbij gaat het om de vraag *wanneer* de problematiek begonnen is. Dikwijls werpt dat een ander licht op de problemen waarmee iemand te kampen heeft.

Door te onderzoeken of en hoe de problematiek verbonden is met de context van een cliënt, kun je beter bepalen waar je in je hulpverlening kunt aansluiten.

> **Voorbeeld**
> Ricardo (35) woont sinds drie jaar samen met Lisa (32). Samen zoeken ze hulp bij het maatschappelijk werk, vanwege relatieproblemen. De spanningen zijn de laatste maanden behoorlijk opgelopen. Lisa heeft een sterke kinderwens, maar Ricardo is onzeker over zijn liefde voor Lisa. Houdt hij genoeg van haar om samen kinderen te krijgen? Aanvankelijk richt de maatschappelijk werker zich op de onderlinge relatie van het stel. Maar in de loop van de gesprekken blijkt dat Ricardo al van jongs af aan met gevoelens van onzekerheid te kampen heeft. Hij wist nooit met wie hij wilde spelen en wat hij dan wilde doen, wat hij voor zijn verjaardag zou vragen, wat hij wilde worden, enzovoort. De stap om te gaan samenwonen blijkt grotendeels het initiatief van Lisa te zijn geweest. Ricardo blijkt in zijn onzekerheid een aardje naar zijn vaartje te hebben: ook zijn vader, die inmiddels overleden is, worstelde zijn hele leven met grote gevoelens van onzekerheid. Voor het traject van hulpverlening lijkt het zinvol om – in ieder geval in eerste instantie – in te gaan op de diepe onzekerheid van Ricardo en op de contextuele inbedding daarvan, meer dan op de partnerrelatie.

5.4 Familie-erfgoed: legaten en delegaten

Alles wat een kind van zijn familie, ouders en grootouders meekrijgt, zowel materieel als immaterieel, noemen we het familie-erfgoed. Tot het materiële erfgoed behoren geld en een grote diversiteit aan roerende en onroerende goederen: sieraden, de mooie klok uit de woonkamer, een oude kast of de boerderij. Het gaat daarbij om tastbare dingen. Immaterieel erfgoed daarentegen is niet zichtbaar of tastbaar. Hierbij kun je denken aan waarden, normen, overtuigingen, verwachtingen en levensopdrachten die ouders aan hun kinderen doorgeven of overdragen. Hoewel je bij een erfenis doorgaans denkt aan datgene wat je krijgt nadat de ouders overleden zijn, is dat bij het immateriële erfgoed niet het geval. Gaandeweg de opvoeding ontvang je deze 'erfenis' van je ouders – of je daar nu blij mee bent of niet. En vaak draag je deze erfenis levenslang, of in ieder geval langdurig, met je mee.

Dat ouders een dergelijke erfenis aan hun kinderen doorgeven, is niet verwonderlijk: alle ouders hebben verwachtingen, verlangens en idealen over en voor hun kinderen. Nog voor een kind geboren is, hopen en dromen ouders al over hun kind. Ze hebben ideeën over hoe hun kind zal zijn, hoe het eruit zal zien, hoe het zich zal gedragen en ontwikkelen.

Ze hopen dat het gelukkig wordt en hebben hun fantasieën over hoe dat geluk eruit zal zien. Sommige ouders kleuren dat dromen al verder in: ze hebben duidelijke(r) ideeën over de toekomst van hun kind: dat het zal studeren, een (heteroseksuele) partnerkeuze doet, een bepaald geloof of politieke overtuiging zal hebben, of een beroep uitoefent in een door hen gewenste sector.

Wanneer je vraagt naar de achtergrond van de naam die ouders voor hun kind hebben gekozen, levert dat vaak al belangrijke informatie op:

> We hebben gekozen voor Lisanne, dat vonden we zo'n lieve naam... Onze zoon heet Koen – dat klonk zo lekker stoer.

In een dergelijke keuze voor een naam proef je iets van de verwachtingen of verlangens die ouders voor hun kind hadden, nog voordat het geboren werd. Lisanne zou niet op de barricaden staan en Koen moest geen watje worden.

Kinderen worden ook nogal eens vernoemd naar bekende of beroemde personen, zoals voetballers, popsterren of historisch belangrijke mensen. Soms geven ouders daar een impliciete levensopdracht in mee.

Voorbeeld
Nancy (34) vertelt dat haar dochters alle drie vernoemd zijn naar sterke vrouwen uit de wereldgeschiedenis, vrouwen die van invloed zijn geweest op de maatschappij of politiek in hun tijd. In deze woorden van Nancy proef je het verlangen dat haar dochters ook verschil zullen maken.

Weer andere kinderen zijn vernoemd naar een van de grootouders. Ouders kunnen daarvoor kiezen omdat ze dat zelf gewoon heel leuk vinden. Soms is dat bepaald geen vrije keuze, omdat het min of meer verplicht is, of op zijn minst een zeer gewaardeerde gewoonte. Ook dan krijg je door de naam een eerste indruk van de context van een cliënt, al moet je voorzichtig zijn met voorbarige interpretaties. In sommige families worden oma's sieraden verdeeld onder de naar haar vernoemde kleindochters of krijgt de stamhouder met opa's naam bij zijn geboorte een startkapitaal op zijn rekening. Natuurlijk is het lang niet altijd zo dat vernoemde kleinkinderen een voorkeurspositie hebben.

Nagy onderscheidt het immateriële familie-erfgoed in twee groepen: *legaten* en *delegaten*.

5.4.1 Legaten

Bij *legaten* gaat het om erfgoed dat recht doet aan de eigen identiteit en eigenheid van een kind. Het kind krijgt wel van alles van huis uit mee, maar ontvangt ook de ruimte om zelf vorm te geven aan datgene wat zijn ouders hem hebben meegegeven. Kenmerkend voor legaten is dat ze ruimte geven voor eigen keuzes van een kind. Legaten schrijven niet dwingend voor hoe een kind moet leven. Het is waardevol familie-erfgoed waar een kind mee mag doen wat het wil. Liefde voor muziek kan zo'n legaat zijn. Een kind groeit op in een omgeving waarin muziek een belangrijke plaats heeft. Ouders willen deze muzikale belangstelling graag doorgeven en besteden daar in de opvoeding veel aandacht aan. Voor het kind is er alle ruimte om een instrument te leren bespelen – piano, saxofoon of drum. Maar die ruimte is niet dwingend, het hoeft niet. Enkel naar muziek luisteren en de keuze voor een eigen muziekstijl behoren ook tot de mogelijkheden. Wanneer een kind niets met muziek heeft, is die ruimte er ook. Een legaat geeft vrijheid en heeft altijd het kind op het oog. Het heeft een positieve doorwerking in het leven van een volwassen geworden kind. Een legaat kan het plezierige gevoel geven bij deze familie te horen en er deel van uit te maken.

5.4 · Familie-erfgoed: legaten en delegaten

Binnen de hulpverlening kan het helpend zijn wanneer een cliënt oog krijgt voor de legaten die hij vanuit zijn familie heeft meegekregen. Legaten kunnen stimulans en kracht geven om tot bepaalde veranderingen en keuzes te komen.

> **Voorbeeld**
> Bij een reorganisatie is onderzoeker Peter (41) zijn baan kwijtgeraakt. Alle pogingen tot herplaatsing ten spijt, komt hij thuis te zitten. Ook zijn sollicitaties leveren niets op. Het verlies van zijn baan heeft uiteindelijk tot gevolg dat Peter depressief wordt. Hij weet werkelijk niet meer hoe het verder moet. Hij zoekt hulp bij een bureau dat gespecialiseerd is in arbeidsgerelateerde klachten. Samen met de maatschappelijk werker maakt hij een genogram over het arbeidsverleden van zijn familieleden. Peter realiseert zich dat hij uit een familie van ondernemers komt: zijn vader en grootvader waren boeren en veehandelaren. Zijn grootvader van moeders kant was timmerman. Dit inzicht geeft hem de moed om niet krampachtig te blijven zoeken naar een ander dienstverband, maar om een eigen bedrijf te beginnen waarin hij zichzelf als onderzoeker verhuurt. 'Ik heb het in mijn genen meegekregen.'

Bij een legaat gaat het erom dat je op een eigen, constructieve manier vormgeeft aan datgene wat binnen een familie leeft en aanwezig is, vaak al generaties lang. Het versterkt het gevoel van verbondenheid. Je hoort bij deze familie, je lijkt een beetje op elkaar – al doe je allemaal wel je dingen op je eigen manier. Een legaat is familie-erfgoed dat iemand heeft meegekregen, maar waar hij een eigen invulling aan mag geven.

5.4.2 Delegaten

De tegenhanger van een legaat, wordt door Nagy een *delegaat* genoemd. Evenals legaten worden ook delegaten door ouders of eerdere generaties aan het nageslacht doorgegeven. Het zijn echter dwingende opdrachten waar een kind, ook als het volwassen geworden is, aan moet voldoen. Een delegaat werkt blokkerend en belemmert de persoonlijke ontplooiing van een kind. Het ontneemt iemand de ruimte om zijn leven op zijn eigen manier in te richten. Een delegaat maakt dat iemand zijn hart niet kan volgen, maar keuzes moet maken die eigenlijk tegen hemzelf ingaan. De belangen van de ouders krijgen de voorkeur boven de belangen van het kind.

Delegaten zijn er op vele terreinen: gedrag, levenswijze, geloofsovertuiging, studie- en beroepskeuzes, de keuze voor een bepaalde hobby of levenspartner, of de wijze waarop eigen kinderen opgevoed dienen te worden.

Delegaten kunnen openlijk, maar ook stilzwijgend worden doorgegeven. Een delegaat kan zichtbaar worden op het moment dat iemand niet in staat is in vrijheid een eigen keuze te maken.

> **Voorbeeld**
> Marinka (35), moeder van vier kinderen, waarvan de jongste nog een baby is, is door het consultatiebureau doorgestuurd naar de hulpverlening. Ze is een flinke overspannenheid nabij. Na de geboorte van haar eerste kind heeft ze haar baan in de zorg opgegeven om zich te wijden aan haar gezin. Haar man heeft een meer dan fulltimebaan, zodat ze er in de opvoeding vaak alleen voor staat. Ze zegt: 'Dat is een bewuste keuze: kinderen hebben recht op een moeder die er altijd voor hen is.' Ze weet niet helemaal zeker of haar man er ook zo over denkt. Ze denkt van wel. Veel zekerder is ze ervan dat haar moeder dit ook vindt. Die was er ook altijd voor haar kinderen. Tegelijk mist ze haar oude vak wel – ze heeft altijd met veel plezier gewerkt. Onlangs heeft Marinka iets – voor haar doen – ongebruikelijks gedaan: ze heeft haar schoonzusje gevraagd op de kinderen te passen en is met een vriendin in de stad gaan lunchen. Ze had er echter maar matig van kunnen genieten. Ze was bang dat haar moeder onverwachts zou bellen en haar schoonzusje aan de telefoon zou krijgen. Dan zou haar uitstapje bekend worden en ze vreesde de reactie van haar moeder. Goede moeders horen immers thuis.

Een delegaat kan ook zichtbaar worden in de opdracht aan kinderen om datgene te doen of te bereiken waar ouders zelf niet de kans of de mogelijkheden toe hebben gehad. Wanneer dat het geval is, kunnen die verlangens op een onvrije manier op de eigen kinderen gericht worden. Ouders die zelf geen kans hebben gekregen om te studeren, leggen deze eis soms dwingend aan hun kinderen op, zonder daarbij oog te hebben voor het feit dat hun kind iets heel anders wil. En op menig voetbalveld proberen kinderen alsnog de droom van hun vader waar te maken door goed te scoren.

In het geval van een delegaat worden kinderen onbewust aangezet om de door nood gedwongen niet-uitgekomen dromen en verlangens van hun ouders alsnog in vervulling te doen gaan.

> **Voorbeeld**
> Martijn (20), derdejaars geneeskunde, meldt zich somber en lusteloos bij de studentenpsycholoog. Met zijn studie gaat het slecht, met Martijn zelf zo mogelijk nog minder. Hij wil stoppen met zijn studie. Op de vraag van de psycholoog wat hem destijds motiveerde om geneeskunde te gaan doen, blijft het lang stil. Uiteindelijk zegt Martijn: 'Dat weet ik eigenlijk niet zo goed, mijn vader wilde het graag.' Wanneer de psycholoog doorvraagt, blijkt dat de vader van Martijn hem van jongs af aan heeft gestimuleerd om te gaan studeren, liefst geneeskunde. Zijn vader kon vroeger, als enige van zijn gezin, niet goed leren en is timmerman geworden. Maar hij heeft zich altijd minderwaardig gevoeld naast zijn broers die wél gestudeerd hadden, dikbetaalde banen kregen en nu in prachtige huizen wonen en luxe vakanties vieren. Diep in zijn hart zou Martijn zo graag de handel ingaan. Jarenlang heeft hij geprobeerd aan het verlangen van zijn vader te voldoen. Nu is hij op.

5.4 · Familie-erfgoed: legaten en delegaten

Nog een andere manier waarop een delegaat zich kan voordoen, is de drang om een gemis uit het gezin van herkomst te willen goedmaken in het eigen gezin. 'Dat mag mijn kinderen niet overkomen', is dan het parool. Het drijft ouders ertoe het koste wat kost beter te willen doen dan hun ouders, waarbij ze blind kunnen worden voor hun eigen valkuilen. Een vader die de betrokkenheid van zijn eigen vader gemist heeft, kan op een dusdanige manier aanwezig willen zijn in het leven van zijn kinderen dat deze zijn aanwezigheid als beklemmend ervaren.

Voorbeeld
De ouders van Britt (7) hebben van school het advies gekregen hulp te zoeken in verband met de woedeaanvallen van Britt. Deze worden steeds heftiger en andere kinderen zijn bang voor haar. De moeder van Britt is erg geschrokken, maar ze herkent het gedrag wel. Britt kan geweldig boos worden om niks en is dan op geen enkele manier aanspreekbaar. In het gesprek met de pedagogisch medewerker van het steunpunt voor ouders vertelt de moeder van Britt dat zij vroeger nooit boos mocht worden. 'Boosheid was een verboden emotie,' zegt ze daarover. Zelf heeft ze daar veel last van gehad. Ze denkt dat ze daardoor minder weerbaar is en moeilijk grenzen aan kan geven naar anderen. Haar man komt eveneens uit een gezin waar weinig ruimte was voor gevoelens. Daarom hebben ze van jongs af aan Britt gestimuleerd om haar emoties te uiten en haar boosheid niet begrensd. Emoties – en zeker ook boosheid – mogen er bij hen wel zijn. Het lijkt erop dat de pijn vanuit haar eigen jeugd de moeder in de weg heeft gestaan Britt te helpen om op een goede manier met haar boosheid om te gaan.

Binnen de hulpverlening heeft het een meerwaarde om een cliënt te helpen zich bewust te worden van delegaten vanuit zijn opvoeding, hem te helpen hier los(ser) van te komen en op een meer eigen manier in het leven te gaan staan.

Wanneer een cliënt zich bewust wordt van het feit dat een bepaalde overtuiging geworteld is in het familie-erfgoed, maar niet per se een eigen overtuiging is, kan dat ruimte geven om deze overtuiging te heroverwegen en mogelijk te herzien of er een eigen invulling aan te geven. Dit is een niet-eenvoudige taak, waarbij een cliënt veel steun en hulp nodig kan hebben. Juist omdat het om familie-erfgoed gaat en om de verbondenheid met ouders, ligt de situatie immers vaak erg gevoelig. Dit kan gemakkelijk leiden tot innerlijke conflicten of tot spanningen in familierelaties.

Voorbeelden
Marinka heeft hulp nodig om te onderzoeken op welke wijze zij graag moeder wil zijn voor haar kinderen. Wil zij zelf, net als haar moeder, altijd thuis zijn? Of past het meer bij haar om er regelmatig even uit te breken? Gewoon door iets leuks te doen of misschien zelfs wel om de zorg voor het gezin te combineren met een baan? En waar ligt voor haar dan de balans? Hoe zou zij die zorg willen delen met haar man? En wat vindt hij daar eigenlijk van? En – stel nou dat ze wil gaan werken – hoe zou haar

moeder daar dan op reageren? En als haar moeder nou afwijzend tegenover die keuze staat, hoe zou dat dan voor Marinka zijn? Is ze stevig genoeg om haar eigen keuzes te kunnen maken? Kortom, genoeg stof voor het hulpverleningstraject dat ze ingaat. Martijn ziet zich voor de moeilijke taak geplaatst af te wegen wat hij gaat doen: verder in het spoor waarvan hij denkt dat zijn vader het graag wil, maar dat niet bij hem past? Of stoppen met zijn studie en zoeken naar andere wegen? Martijn schat in dat zijn vader het vreselijk zal vinden als hij stopt en is bang voor het conflict dat dat zal opleveren. Zijn vader zal vreselijk teleurgesteld in hem zijn. En die gedachte alleen al maakt hem nog somberder dan hij al is. Martijn hoopt dat zijn moeder het misschien wel snapt. In overleg met de studentenpsycholoog schrijft hij zich voorlopig uit bij de universiteit. Dan loopt de teller in ieder geval niet door. Martijn komt tot rust, gaat onderzoeken wat zijn mogelijkheden zijn en spreekt uitgebreid met de psycholoog over zijn vader. Martijn zoekt een baantje in een plaatselijke slijterij. Langzaam rijpt in hem de overtuiging dat hij echt niet door wil met geneeskunde, een beslissing waar hij eerst met zijn moeder over spreekt. Zijn vader is inderdaad heel teleurgesteld en de relatie bekoelt behoorlijk. Martijn blijkt dat inmiddels beter aan te kunnen dan hij van tevoren vreesde. Het werk in de slijterij doet hem goed, hij is begonnen met een cursus drankenkennis die zijn werkgever hem heeft aangeboden. Martijn merkt dat hij kracht en energie ontleent aan de baan, die beter bij hem past en waar wellicht ook toekomstmogelijkheden in liggen. Hij zegt zelf: 'Omdat ik meer mezelf ben, kan ik het van mijn vader beter hebben.'

Aanvankelijk zijn de ouders van Britt geschokt. Ze hebben zo geprobeerd het anders en vooral beter te doen dan hun eigen ouders – en dan nu dit… Die constatering doet hen veel pijn. De pedagogisch medewerker laat hen eerst meer vertellen over vroeger. Het blijkt dat vader en moeder allebei nog veel situaties vers in het geheugen hebben liggen. De vraag: 'Wat zou je nodig gehad hebben van je vader of moeder?' blijkt daarin een belangrijke sleutel: erkenning van het gevoel! En niet de grenzeloze uiting daarvan. Het helpt hen samen in beweging te komen. Britt krijgt duidelijker grenzen als het gaat om het uiten van haar boosheid. Maar de boosheid mag er wel zijn: ze benoemen het, praten erover, geven er erkenning voor. Als ze enkele maanden later de juf opnieuw spreken, vertelt die dat het gedrag van Britt ook op school erg vooruit is gegaan.

5.5 Ten slotte

Iedere nieuwe generatie binnen een familie heeft te maken met erfgoed vanuit de generatie(s) voor haar. Dit geldt voor gebeurtenissen die hebben plaatsgevonden: ingrijpende gebeurtenissen in het leven van (groot)ouders beïnvloeden soms nog generaties lang het leven van kinderen en kleinkinderen. Daarnaast worden er ook immateriële verwachtingen, verlangens of opdrachten van de ene generatie aan de andere doorgegeven – al dan niet bewust. Nagy maakt hierin een onderscheid tussen legaten en delegaten. Legaten zijn het deel van het erfgoed dat een positieve bijdrage levert aan het leven van de nieuwe generatie. Delegaten daarentegen doen geen recht aan het leven en welzijn van het nageslacht.

5.6 Opdrachten

- **Logboekopdrachten:**
  - Bespreek binnen een groepje van meerdere studenten: hoe luidt jouw volledige naam? Kun je naar aanleiding van die naam iets vertellen over jouw context?
  - Kun jij binnen jouw familie een voorbeeld geven van een gebeurtenis in een vorige generatie die nog doorwerkt in het heden? Op welke wijze?
  - Noem vanuit je eigen context voorbeelden van legaten en delegaten.
- **Toepassingsopdracht voor de beroepspraktijk:**
  - Noem naar aanleiding van een casus uit je werkervaring of stage een voorbeeld van een legaat en een delegaat. Op welke wijze zou je met deze cliënt(en) in gesprek kunnen gaan? Oefen dit in tweetallen.
  - Alternatief: kies een van de voorbeelden uit dit hoofdstuk (Marinka, Martijn of de ouders van Britt) en voer als hulpverlener een gesprek rondom het thema legaten/delegaten.

Meerzijdig gerichte partijdigheid

6.1 Inleiding – 48

6.2 Meerzijdig gerichte partijdigheid – 48

6.3 Mogelijke valkuilen – 51

6.4 Ten slotte – 51

6.5 Opdrachten – 52

© Bohn Stafleu van Loghum is een imprint van Springer Media B.V., onderdeel van Springer Nature 2021
K. van Ieperen-Schelhaas, *Contextuele hulpverlening*, https://doi.org/10.1007/978-90-368-2547-4_6

6.1 Inleiding

Belangrijker dan kennis, methoden, technieken en interventies die je als hulpverlener moet beheersen, is de grondhouding: hoe sta je als hulpverlener ten opzichte van je cliënt en tot ieder die tot zijn context behoort?

6.2 Meerzijdig gerichte partijdigheid

Kenmerkend voor de contextuele hulpverlening is de grondhouding van meerzijdig (of veelzijdig) gerichte partijdigheid. Vaak wordt ook de verkorte vorm *meerzijdig partijdig* gebruikt. Deze grondhouding is gebaseerd op de diepgewortelde overtuiging dat het van belang is niet alleen de individuele cliënt, maar ook iedere andere betrokkene in zijn context recht te doen. Een contextueel hulpverlener heeft oog en hart voor iedere betrokkene die beïnvloed wordt door zijn interventies. Binnen de contextuele benadering wordt er immers van uitgegaan dat een mens nooit op zichzelf staat, maar altijd verbonden is met de mensen om hem heen. Wanneer je als hulpverlener een cliënt erkenning geeft voor wat hij heeft gegeven of voor het onrecht dat hem is overkomen of aangedaan, betekent dat niet dat je hem 'gelijk geeft' of partij trekt voor hem. Wanneer je dat zou doen, help je je cliënt uiteindelijk niet verder. Immers verandering en mogelijk herstel van relaties is niet mogelijk als je voor de één bent en tegen de ander.

Tegelijkertijd is je cliënt ook niet geholpen wanneer je je neutraal op zou stellen. Dan wordt hem geen recht gedaan in wat hij heeft gegeven of geleden.

Meerzijdig gerichte partijdigheid betekent dan ook niet dat je *on*partijdig bent. Het betekent wel dat je je er altijd van bewust bent dat deze persoon niet op zichzelf staat, maar diep verbonden is met de andere mensen uit zijn context. Je helpt hem dan ook niet door alleen zijn kant te kiezen. Dat zou hem immers gemakkelijk in een loyaliteitsconflict kunnen brengen. Wanneer jij je negatief uitlaat over een ouder van een cliënt, maak je het extra moeilijk. Het is dus van belang erkenning (van onrecht of verdienste) te geven, zonder daarbij een belangrijke ander af te vallen. Zie hiervoor ook ▶ H. 7 over loyaliteit. Je helpt je cliënt (en het systeem) door beurtelings oog te hebben voor iedere betrokkene – voor hetgeen die persoon heeft gegeven of tekort is gekomen of aangedaan. Een meerzijdig partijdige grondhouding houdt in dat je wisselend naast alle betrokkenen gaat staan. Dit geldt ook wanneer mensen al zijn overleden of zelfs nog geboren moeten worden. Een dialoog die tot een wezenlijke en helende ontmoeting leidt, kan alleen gevoerd worden vanuit deze meerzijdig partijdige grondhouding. Daarbij maakt het niet uit of diegene bij het gesprek aanwezig is of niet.

> **Voorbeeld**
> Carol (19) woont op kamers en heeft het in het studentenleven niet zo naar haar zin. Ze heeft hulp gezocht bij het maatschappelijk werk om te leren beter zelfstandig te kunnen wonen en vriendschappen op te bouwen. Toen ze onlangs een weekend naar haar ouders ging, is er iets vervelends gebeurd. Tijdens de treinreis vanuit haar studentenstad naar de woonplaats van haar ouders is Carol lastiggevallen door een oudere man. Toen ze thuiskwam, vertelde ze haar moeder wat er was gebeurd. Ze moest ook huilen. De reactie van haar moeder was: 'Wat is dat toch met jou, jij hebt

6.2 · Meerzijdig gerichte partijdigheid

altijd van die rare dingen.' Carol is er kapot van. 'Zo ging het nou altijd als er wat was,' zegt ze. 'Ze kon nou nooit eens gewoon een arm om me heen slaan en me laten uithuilen.'

Het is duidelijk dat Carol steun nodig heeft. Ze heeft iets vervelends meegemaakt in de trein. Maar toen ze dat thuis met haar moeder wilde delen, ontving ze geen meeleven of begrip. De reactie van haar moeder was eerder afwijzend, misschien zelfs veroordelend: alsof het aan Carol zelf lag dat ze werd lastiggevallen.

De grondhouding van meerzijdig gerichte partijdigheid houdt in dat je Carol de steun geeft die ze nodig heeft, zonder daarbij haar moeder af te vallen. Je zou bijvoorbeeld iets kunnen zeggen in de trant van:

Voorbeeld
'Wat moet dat moeilijk voor je geweest zijn, je eigen moeder die je niet kon opvangen.'

Je kunt daarin ook nog een stapje verder gaan door duidelijk te maken dat haar moeder dat niet goed deed:

Voorbeeld
'Ze legde in feite de schuld bij jou. Dat was niet goed van je moeder, daardoor ben jij tekortgekomen.'

Wanneer je op deze manier reageert, sta je in de eerste plaats naast Carol. Je hebt oog voor wat zij nodig heeft. Door een dergelijke reactie te geven, geef je Carol erkenning voor wat ze van haar moeder gemist heeft en wat ze wel nodig zou hebben gehad. Meerzijdige partijdigheid betekent immers niet dat je onpartijdig of neutraal bent. Je benoemt wel degelijk het onrecht dat iemand is aangedaan en geeft dat erkenning. Je hoeft niet goed te praten wat verkeerd is gegaan of gedaan. In die zin ben je wel degelijk partijdig: je gaat naast degene staan die dat op dat moment het meest nodig heeft. Dat je benoemt dat de moeder van Carol tekort is geschoten, betekent echter niet dat je haar veroordeelt. Dat zou je wel doen als je door je woorden of door je gedrag zou laten merken dat je de moeder zelf afkeurt:

Voorbeeld
'Wat vreselijk van je moeder om je zo te laten vallen. Dat kan ze toch niet maken!'

De meerzijdig partijdige grondhouding houdt in dat je niet gelijktijdig, maar *wisselend* naast iedere betrokkene gaat staan. Als eerste geef je steun en erkenning aan degene die dat op dat moment het meest nodig heeft. Meerzijdig gerichte partijdigheid betekent echter dat steun voor de één nooit afwijzing van de ander betekent. In dit voorbeeld is Carol degene die eerst zorg nodig heeft. En niet alleen voor wat er na het voorval in de trein is gebeurd. Carol vertelt dat haar moeders reactie na dit incident niet op zichzelf staat: het is de zoveelste keer dat ze zich door haar moeder in de steek gelaten voelt. Carol heeft de ervaring dat haar moeder er veel vaker niet voor haar is geweest wanneer ze haar nodig had. Het ligt voor de hand dat je als hulpverlener voorlopig naast Carol blijft staan, door hier verder op in te gaan en Carol erkenning te geven voor wat ze van haar moeder gemist heeft. Maar daar blijft het niet bij. In een latere fase van de hulpverlening zou je vervolgens kunnen vragen:

> **Voorbeeld**
> 'Ik ben wel benieuwd waarom je moeder je geen steun kon geven. Kun je me eens iets meer over haar vertellen?'

Op deze manier ga je in feite naast Carols moeder staan, al is die niet lijfelijk aanwezig. Je kiest ervoor haar moeder niet te diskwalificeren en haar te veroordelen als moeder. Je bent oprecht geïnteresseerd in wat het leven met haar moeder gedaan heeft waardoor ze er in emotioneel opzicht niet voor haar dochter kon zijn op momenten dat deze haar nodig had. Mogelijk weet Carol het een en ander over moeders leven. En als ze dat niet weet, gaat ze er waarschijnlijk wel over nadenken. Je kunt samen met Carol voorbereiden hoe ze hierover zelf een gesprek met haar moeder zou kunnen aangaan. Je kunt er ook, in overleg met Carol, voor kiezen haar moeder uit te nodigen mee te komen voor een gezamenlijk gesprek. Voor moeder kan dat bedreigend zijn, alsof ze op het matje wordt geroepen. Daar moet je oog en aandacht voor hebben. Het helpt moeder als ze ervaart dat je (ook) naast haar staat, dat Carol haar nodig heeft en dat je het belang van hen beiden op het oog hebt. Vanuit je meerzijdig partijdige basishouding probeer je als hulpverlener de dialoog tussen je cliënt en diens context op gang te brengen.

> **Voorbeeld**
> Carol weet dat oma, de moeder van haar moeder, al jong weduwe was en alleen haar vier kinderen moest grootbrengen. Oma had allerlei baantjes om de eindjes financieel aan elkaar te knopen. Carols moeder hielp oma zoveel als ze kon door veel in het huishouden te doen en voor haar broers en zusje te zorgen. Zelden vroeg ze oma om raad over hoe ze iets aan moest pakken. Als ze problemen had, besprak ze die zeker niet met oma. Die had al zorgen genoeg. De maatschappelijk werker verwoordt dat Carols moeder zelf als kind veel tekort is gekomen. Zo geeft ze Carols moeder erkenning voor het onrecht in haar leven. Maar daarnaast noemt ze Carols moeder naar aanleiding van wat Carol vertelde ook 'een zorgzaam kind', dat erg geprobeerd heeft haar eigen moeder te ontlasten. Het zijn woorden die bij Carol nog weken naklinken: zo had ze haar moeder nog nooit gezien. Het maakt dat er een zachter plekje in haar hart ontstaat voor haar moeder.

6.3 Mogelijke valkuilen

Wanneer je als hulpverlener meerzijdig partijdig wilt zijn, moet je bedacht zijn op de valkuil van het tempo: je kunt gemakkelijk te snel ook naast de andere betrokkene(n) uit de context willen staan. Je kunt zo graag meerzijdig partijdig willen zijn dat je tekortschiet in de steun en erkenning die een individu binnen het systeem nodig heeft. Het is belangrijk daar voldoende tijd en rust voor te nemen. Als je te snel gaat, loop je het risico dat iemand zich toch niet gezien en erkend voelt, en het idee heeft dat je niet echt aan zijn kant hebt gestaan. In het voorbeeld van Carol zou je bijvoorbeeld te snel kunnen proberen begrip te vragen voor haar moeder, voor haar moeilijke jeugd of voor wat ze zelf als kind tekort is gekomen. Daarmee doe je Carol geen recht.

Een andere valkuil om meerzijdig partijdig te zijn heeft te maken met jezelf en thema's uit je eigen leven. Wanneer je als hulpverlener zelf een moeizame relatie met je eigen moeder hebt, kost het je mogelijk geen enkele moeite je in te leven in Carol. Je hebt misschien zelfs een grote behoefte om Carol te steunen. Maar dat zou je in de weg kunnen staan om je vervolgens ook in te leven en partijdig te zijn met haar moeder.

In de derde plaats kunnen cliënten of personen uit hun context een enorm appel op je doen om je aan hun kant te scharen. Dat kan om expliciete afbakening vragen. Als hulpverlener dien je dan duidelijk te maken dat je geen partij wilt kiezen vóór de één en tégen de ander, maar dat je wilt zoeken naar wat voor iedere betrokkene het beste is.

Ten slotte kan het ook zo zijn dat de ernst van wat iemand heeft gedaan of wat iemand is aangedaan, zo groot is, dat het je niet of nauwelijks lukt het menselijke in de veroorzaker daarvan te zien. Om ook dan meerzijdig partijdig te kunnen zijn, zul je in staat moeten zijn om de mens achter het destructieve gedrag te zien. Een mens is altijd meer dan wat hij heeft gedaan. Het is van belang om op zoek te gaan naar wat deze persoon heeft gegeven en wat hem is overkomen of aangedaan.

6.4 Ten slotte

Meerzijdig gerichte partijdigheid is een grondhouding. Het vormt de basis voor al het verdere handelen. Het betekent dat de hulpverlener beurtelings partijdig is met alle betrokkenen uit de context van zijn cliënt. Hij is voor de één zonder dat hij daarbij partij kiest tegen andere personen uit de context. Dat vraagt veel nauwkeurigheid. De grondhouding van de meerzijdige partijdigheid draagt bij aan de groei van onderling begrip en (beginnend) herstel van vertrouwen binnen de context. Door de grondhouding van de meerzijdige partijdigheid probeert de hulpverlener de dialoog op gang te brengen. Daarmee is de cliënt meer geholpen dan wanneer de hulpverlener zich eenzijdig aan diens kant stelt en daarmee positie kiest tegen degenen met wie de cliënt altijd met talloze zichtbare en onzichtbare draden verbonden is.

6.5 Opdrachten

- **Persoonlijke ontwikkelingsopdrachten:**
    - Geef voorbeelden vanuit je eigen leven waarin mensen neutraal, partijdig of meerzijdig partijdig reageerden op iets wat jij hen vertelde. Wat deden die reacties met jou?
    - In welke situaties zou het voor jou moeilijk zijn om meerzijdig partijdig te zijn? Waar heeft dat mee te maken? Wat heb je nodig om daarin verder te groeien?
- **Toepassingsopdrachten voor de beroepspraktijk:**
    - Bedenk samen met een medestudent mogelijke praktijksituaties vanuit je stage of je beroepspraktijk. Bedenk voorbeeldzinnen die passen bij een neutrale, een partijdige en een meerzijdig partijdige reactie.

Het begrip loyaliteit

7.1 Inleiding – 54

7.2 Existentiële loyaliteit – 54

7.3 Verworven loyaliteit – 58

7.4 Gespleten loyaliteit – 60

7.5 Loyaliteitsconflicten – 62

7.6 Onzichtbare loyaliteit – 66

7.7 Over-loyaal zijn – 67

7.8 Ten slotte – 68

7.9 Opdrachten – 68

© Bohn Stafleu van Loghum is een imprint van Springer Media B.V., onderdeel van Springer Nature 2021
K. van Ieperen-Schelhaas, *Contextuele hulpverlening*, https://doi.org/10.1007/978-90-368-2547-4_7

7.1 Inleiding

In het dagelijks leven heeft de uitdrukking 'loyaal zijn aan' alles te maken met trouw. Wanneer iemand loyaal is aan zijn werkgever kan dat bijvoorbeeld betekenen dat hij niet op zoek gaat naar een andere werkplek, maar bij zijn eigen baas blijft. Maar ook wanneer iemand voor zijn baas opkomt wanneer er negatief over hem gesproken wordt, kan dat een uiting van loyaliteit zijn. Ook in vriendschappen kan loyaliteit een rol spelen. Iemand kan zo loyaal zijn aan een bepaalde vriend(in) dat hij daarvoor andere vriendschappen of activiteiten laat schieten.

Loyaliteit is doorgaans geworteld in een positieve geschiedenis die mensen met elkaar hebben. Door wat er in de relatie gebeurd is of door wat je samen hebt meegemaakt, is er een sterke band ontstaan die niet zomaar verbroken kan worden. De band wordt als waardevol beleefd. Er is echter ook een keerzijde: loyaliteit kan iemand in de weg staan. De *ver*bondenheid leidt dan tot *ge*bondenheid. In een dergelijke situatie kunnen loyaliteitsgevoelens iemand ervan weerhouden eigen keuzes te maken of zich verder te ontwikkelen.

In het contextuele denken neemt het begrip *loyaliteit* een belangrijke plaats in. Nagy onderscheidt hierin twee vormen: existentiële loyaliteit en verworven loyaliteit. Beide worden in dit hoofdstuk besproken. Tevens wordt ingegaan op aan loyaliteit gerelateerde problemen.

7.2 Existentiële loyaliteit

De band tussen ouders en kinderen is uniek. Het is een band die volgens Nagy niet te verbreken of te veranderen is. De ouder-kindrelatie is een verbondenheid die levenslang blijft bestaan. Ieder kind wordt geboren uit twee ouders: een vader en een moeder. Dat is een gegeven. Een feit dat objectief en aantoonbaar waar is. Er is op de hele wereld maar één man die de vader van dit kind is. En evenzo is er maar één vrouw die zijn moeder kan zijn. Ze zijn niet te vervangen door anderen. Het zijn deze twee mensen die aan dit kind het leven geschonken hebben. Dit biologische gegeven is de grondslag voor een levenslange verbondenheid. Een kind houdt immers nooit op kind van zijn ouders te zijn. En omgekeerd kunnen ouders nooit stoppen met vader of moeder te zijn van hun kind. Ex-vaders of -moeders of 'vorige kinderen' bestaan niet.

De trouw van kinderen aan hun ouders is heel sterk. Kom je aan hun ouders, dan kom je aan hen! In het algemeen kun je zeggen dat kinderen, ook volwassen geworden kinderen, wel zelf negatieve dingen over hun ouders kunnen zeggen, maar dat zij het niet of nauwelijks kunnen verdragen wanneer anderen dat doen. Vaak weten mensen zich jaren later dergelijke opmerkingen nog te herinneren. En hoewel ze het diep in hun hart misschien wel eens zijn met wat er gezegd is, steekt het hen toch. Zelfs wanneer ouders teleurstellen of verwerpelijke dingen doen, blijven kinderen loyaal. En dat kan zich op een onverwachte manier uiten.

7.2 · Existentiële loyaliteit

Voorbeeld
De vader van Barry (14) zit vast omdat hij een nichtje seksueel heeft misbruikt. Het hele gezin is ontredderd en krijgt gezinstherapie. Tijdens een van de zittingen vertelt Barry dat hij voor drie dagen is geschorst van school, omdat hij een medeleerling in elkaar heeft geslagen. Barry zegt daarover: 'Dat rotjoch zat met iemand anders te zeuren over wat pa heeft gedaan, nog wel in de kantine. Pa is een klootzak, maar ze moeten wel van hem afblijven… als ze aan pa komen, komen ze aan mij.'

De meeste kinderen hebben in het dagelijks leven contact met beide ouders. Maar dat is niet altijd het geval. Door allerlei redenen kan het contact tussen een kind en (een van) zijn ouders verwateren of zelfs verbroken worden. Soms is de vader al voor de geboorte uit beeld of verdwenen. Maar ook gebeurtenissen later in het leven van een kind kunnen ertoe leiden dat een kind (een van) zijn biologische ouders niet meer ziet. Hierbij kun je denken aan het overlijden van een van de ouders, echtscheiding, adoptie of opgroeien in een stief- of pleeggezin. Hoewel de ouders dan feitelijk geen deel meer uitmaken van het leven van een kind, blijkt er toch altijd – en soms op onverwachte manieren – verbondenheid te bestaan.

Voorbeelden
Josh (9): 'Mijn echte moeder kan niet voor me zorgen. Daarom woon ik nu bij deze vader en moeder. Als ik in bed lig, maak ik me soms zorgen over haar. Ik hoop dat het goed met haar gaat. Ik zou willen dat ik een foto van haar had, dan wist ik hoe ze eruitziet.'
Sandra (34): 'Mijn ouders zijn gescheiden toen ik nog geen jaar oud was en daarna heb ik mijn vader nooit meer gezien. Twee jaar geleden ben ik, op advies van mijn maatschappelijk werker, naar hem op zoek gegaan. Gewoon via internet. Via via had ik gehoord dat hij mogelijk in B. woonde en toen heb ik het opgezocht. Ik wilde weten hoe het met hem gaat, ik wilde hem leren kennen en ik wilde weten of ik op hem lijk. Nu zien we elkaar af en toe. Dat is niet zo gemakkelijk, want hij woont ver weg en hij is geen prater. Maar ik merk altijd dat hij blij is om mij te zien en daar word ik zelf ook weer blij van. Hij is toch mijn vader. Zonder hem was ik er niet geweest.'
Ilonka (11) is als baby geadopteerd uit Haïti. Ze is erg overstuur van de aardbeving die daar onlangs heeft plaatsgevonden. Kort na haar geboorte is ze te vondeling gelegd bij een weeshuis en daarvandaan naar Nederland gekomen. Hoewel ze haar biologische ouders niet kent, is ze nu toch heel bang dat ze zijn omgekomen. Of anders dat hun huis kapot is of dat ze gewond zijn. Dit houdt haar heel erg bezig. Op haar basisschool organiseert ze in overleg met haar meester een sponsoractie voor Haïti.

De door geboorte ontstane verbondenheid noemt Nagy *existentiële* of *zijnsloyaliteit*. De kracht van deze loyaliteit is enorm, in de visie van Nagy zelfs onverwoestbaar. Hij verklaart deze sterke band door het feit dat ieder mens het leven van zijn ouders heeft ontvangen. Of je daar nou blij mee bent of niet – en of zij daar nou blij mee zijn of niet: zonder deze twee mensen was je er niet geweest.

Dit biologische gegeven maakt dat kinderen altijd loyaal zijn aan de ouders uit wie zij geboren zijn, hoe moeilijk of ingewikkeld de relatie ook is. Dit geldt niet alleen voor opgroeiende kinderen, maar ook voor volwassen geworden kinderen. Zelfs wanneer ouders zijn overleden, houdt de loyaliteit van kinderen niet op. Al zijn ze dood; dat doet niets af aan het feit dat ze de ouders van hun kinderen zijn.

Het gegeven van de *existentiële loyaliteit* heeft gevolgen voor het handelen van de hulpverlener. Zo zal een hulpverlener altijd rekening moeten houden met deze sterke verbondenheid van een cliënt met zijn ouders. Negatieve uitspraken over of afwijzing van de ouders zullen het hulpverleningsproces schaden of zelfs blokkeren. Het valt niet altijd mee om op een niet-veroordelende manier over ouders te spreken. Zeker niet wanneer ouders ernstig tekortgeschoten zijn in het zorgen voor hun kind of wanneer zij hun kind hebben mishandeld of misbruikt. Maar toch geldt ook dan dat wanneer een hulpverlener zich negatief over een ouder uitlaat, het gevaar groot is dat de cliënt zich terugtrekt.

Voorbeeld
Else (15) heeft haar mentor op de leefgroep verteld hoe zij, toen ze nog thuis woonde, regelmatig door haar vader in elkaar geslagen is. Een kleine misstap was voldoende om hem in woede te doen uitbarsten en hij liet haar dan alle hoeken van de kamer zien. De mentor reageert met: 'De schoft, hoe heeft hij dat ooit kunnen doen.'
Vervolgens vertelt Else uitvoerig hoe lief haar vader kon zijn en hoe graag ze spelletjes met hem deed. Die nacht doet ze een poging om weg te lopen van haar leefgroep.

De negatieve reactie van de mentor op haar vader triggert de loyaliteitsgevoelens van Else. Ze komt dan ook direct in actie door goede dingen over hem te vertellen. Haar poging om weg te lopen is een nog sterkere uiting van loyaliteit. Ze wil niet blijven in een setting waarin haar vader als schoft te boek staat. Een betere reactie van de mentor zou geweest zijn:

Voorbeeld
'Wat moet dat moeilijk voor je geweest zijn, je eigen vader die je slaat.'

Deze manier van reageren geeft erkenning voor het onrecht dat Else is aangedaan, maar geeft geen waardeoordeel over haar vader als persoon. De steunende reactie nodigt Else uit om verder te vertellen over haar gevoelens. De grondhouding van de meerzijdig gerichte partijdigheid is hierin bijzonder helpend.

Ook wanneer kinderen niet of slechts gedeeltelijk bij hun eigen ouders opgroeien, speelt de loyaliteit naar de ouder-buiten-beeld wel degelijk een belangrijke rol. Deze situatie doet zich bijvoorbeeld voor bij kinderen die wonen in een eenoudergezin, in een nieuw samengesteld gezin, of in een adoptief of pleeggezin. Wanneer je als hulpverlener met dit type gezinnen te maken krijgt, is het belangrijk oog te hebben voor het feit dat het kind zich ook verbonden zal voelen met de ouder op afstand of met de ouder met wie in het dagelijks leven geen band meer bestaat.

Voorbeeld
Jordan (14) is aangemeld bij bureau Jeugdzorg omdat het niet goed met hem gaat: hij spijbelt, drinkt en is al eens betrapt op winkeldiefstal. Zijn ouders zijn gescheiden toen hij nog klein was. Jordans vader leidt een ongeregeld leven. Hij heeft geen vast werk, heeft allerlei losse relaties en in zijn huis is het een bende. Het vermoeden bestaat dat hij een alcoholprobleem heeft. Jordan woont bij zijn moeder en haar nieuwe vriend, Sandor, en ziet zijn vader enkele keren per jaar. Sandor bemoeit zich actief met de opvoeding van Jordan. Hij vindt dat Jordan streng aangepakt moet worden. Zijn moeder is te lief en zijn vader een mislukkeling. Jordan gaat door het lint als Sandor dit soort dingen zegt en accepteert op geen enkele manier de bemoeienis van Sandor. 'Jij bent mijn vader niet!'

De hulpverlener van dit gezin doet er goed aan moeder en Sandor uitleg te geven over existentiële loyaliteit in het algemeen en over de manier waarop dit mogelijk doorwerkt in het leven van Jordan in het bijzonder. De vader van Jordan is weliswaar maar beperkt aanwezig in Jordans leven en heeft moeite om zijn eigen leven op orde te houden, maar het is en blijft Jordans vader. Zo ervaart Jordan dat ook. Wanneer je als hulpverlener oog hebt voor en rekening houdt met de existentiële loyaliteit van Jordan aan zijn vader, zal dat je hulpverlening beïnvloeden.

In de eerste plaats moet de moeder van Jordan geholpen worden om haar positie als opvoeder stevig in te nemen. Sandors rol in de opvoeding zou veel meer naar de achtergrond moeten verdwijnen. De moeder moet degene zijn die Jordan heldere grenzen geeft en hem confronteert met de gevolgen van het overschrijden van die grenzen. Dat zal voor haar niet eenvoudig zijn. Sandor kan dan ook een belangrijke hulp voor haar zijn door haar op de achtergrond in haar taak te ondersteunen. Maar zijn directe opvoedende omgang met Jordan moet worden beperkt. In dit proces van verandering heeft de hulpverlener een belangrijke taak.

Een tweede aandachtspunt voor de hulpverlening is dat de moeder en haar vriend leren dat negatief over de biologische vader van Jordan spreken onverdraaglijk is voor Jordan en negatieve gevolgen heeft voor hun eigen relatie met Jordan. Jordan komt dan immers in de knoop te zitten met zijn loyaliteitsgevoelens en dat zal de band met moeder en met Sandor schaden. Het is dan ook belangrijk dat zij leren niet in negatieve bewoordingen over zijn vader te spreken. De hulpverlener zou de moeder ook kunnen helpen met de vraag op welke manier zij Jordan kan helpen vorm te geven aan de band met zijn vader, bijvoorbeeld wanneer Jordan weer op bezoek gaat bij zijn vader. Wanneer Jordan ruimte heeft om op een open manier loyaal te zijn aan zijn vader, ontstaat er mogelijk ruimte om ook een band op te bouwen met Sandor.

Voorbeeld
Veerle (16), die sinds haar babytijd in een pleeggezin woont, vertelt: 'Op een dag was ik erg overstuur omdat ik gehoord had dat mijn moeder weer was opgenomen op een psychiatrische afdeling. Ik moest vreselijk huilen. Marjolein, mijn pleegmoeder, bedoelde het vast goed. Maar ze zei dat ik haar nu toch ook als moeder had. Ik weet nog dat ik dacht: mooi niet. Ik heb maar één moeder! Zonder dat ik het zelf wilde, begon ik toen steeds vervelender en hatelijker tegen Marjolein te doen. Uiteindelijk kon ik daar niet blijven wonen en moest ik naar een internaat.'

De uitspraak van haar pleegmoeder maakte dat Veerle in opstand kwam en zich tegen haar ging afzetten. Wanneer de pleegmoeder oog had gehad voor de existentiële loyaliteit van Veerle aan haar biologische moeder, had zij haar kunnen steunen en troosten in haar zorg en verdriet om haar moeder. Een pleegzorgwerker kan een belangrijke bijdrage leveren aan het inzicht van pleegouders in de kracht van existentiële loyaliteit van hun pleegkinderen, door hierover goede informatie te geven (preventie) als ook door het onderwerp telkens opnieuw naar aanleiding van actuele en concrete situaties bespreekbaar te maken. Wanneer pleegouders de kinderen die aan hun zorg zijn toevertrouwd ruimte kunnen geven voor loyaliteit aan hun biologische ouders, zal dat hun eigen relatie met het pleegkind en het succes van de plaatsing positief beïnvloeden. Soms vinden pleegouders het heel moeilijk om de biologische ouders te erkennen.

Er zijn situaties waarin het voor kinderen heel moeilijk kan zijn om te leven met hun ontstaansgeschiedenis. Wat moet je met een biologische vader of moeder die vreselijke dingen heeft gedaan? Wat zegt dat over wie jij bent? Je hebt toch de helft van je genen van die ouder…

Voorbeeld
Hasifa (5) is als baby geadopteerd door Nederlandse ouders. Zij is de dochter van een Soedanese vluchtelinge die slachtoffer is geworden van een groepsverkrachting. Haar adoptieouders hebben het hier moeilijk mee: ze denken aan Hasifa wel uit te kunnen leggen dat haar moeder niet voor haar kon zorgen. Maar wat moet je met een onbekende vader die een verkrachter is? Uiteindelijk kiezen ze ervoor zich te verdiepen in de verhalen van de rondtrekkende rebellengroepen die plunderen en verkrachten. Wat deze jonge mannen doen is en blijft verwerpelijk. Tegelijkertijd komen ze uit heel moeilijke levensomstandigheden die mede bijdragen aan hun gruwelijke gedrag. Hasifa's onbekende vader is niet alleen iemand die heel slechte dingen heeft gedaan – hij is ook een door zijn omstandigheden getekend mens. In feite handelen zij vanuit een meerzijdig partijdige grondhouding die Hasifa ten goede zal komen.

7.3 Verworven loyaliteit

Naast de door geboorte ontstane existentiële loyaliteit bestaat er nog een andere vorm. Deze wordt *verworven loyaliteit* genoemd. Verworven loyaliteit is niet door afstamming ontstaan, maar ontwikkelt zich in de relatie tussen een kind en zijn ouders. Ouders verlangen er doorgaans naar dat hun kinderen gelukkig zijn en dat het goed met hen gaat, en zij spannen zich daarvoor in. Door de zorg en liefde die ouders aan hun kinderen geven groeit er verbondenheid en het gevoel onlosmakelijk bij elkaar te horen. Ook kinderen willen op hun beurt graag dat hun ouders gelukkig zijn. De band tussen ouders en kinderen wordt dan ook van twee kanten gevoed: ouders geven liefde en zorg aan hun kinderen. Maar ook kinderen investeren in het contact door liefde en zorg aan hun ouders te geven. Door een glimlach, een tekening of door lief in een hoekje te gaan spelen op een druk moment in het gezin, bouwen kinderen mee aan de relatie. Deze verbondenheid, gebaseerd op wederzijdse inspanningen tot zorg, wordt door

7.3 · Verworven loyaliteit

Nagy *verworven loyaliteit* genoemd. Zo bestaat er tussen ouders en kinderen dan ook niet alleen verbondenheid door de existentiële loyaliteit, maar ook door de verworven loyaliteit.

Existentiële loyaliteit is exclusief voor de relatie tussen kinderen en hun biologische ouders. Wanneer kinderen bij hun eigen ouders opgroeien, is er daarnaast ook sprake van verworven loyaliteit.

Verworven loyaliteit ontwikkelt zich daarentegen niet alleen in de relatie met de natuurlijke ouders, maar ook in andere relaties waarin liefde en zorg wordt gegeven en ontvangen. Ook dan groeit er verbondenheid en saamhorigheid. Zo zullen kinderen ook loyaal zijn aan hun stief-, pleeg- of adoptieouders, groepsopvoeders en andere belangrijke mensen in hun leven.

> **Voorbeeld**
> Elion (9) is geboren uit een kortstondige relatie die zijn moeder Ronja op zeventienjarige leeftijd had. Zijn vader had aangedrongen op een abortus, maar Ronja wilde de baby graag houden. Er is sporadisch contact tussen vader en zoon. Nu woont Ronja inmiddels al weer twee jaar samen met Martinez (30), die van meet af aan accepteerde dat Elion bij Ronja hoorde. Vanaf het begin heeft het tussen hen geklikt. Sinds enkele maanden noemt Elion Martinez 'papa'. Aanvankelijk deed hij het een beetje als spel, maar het is uitgegroeid tot gewoonte. Martinez ziet het als erkenning van de band die ze hebben.

Soms ontstaat er een spanningsveld tussen existentiële en verworven loyaliteit.

> **Voorbeeld**
> Larissa (18) heeft eindexamen gedaan en is geslaagd. Voor de diploma-uitreiking mag ze twee gasten uitnodigen. Dat is een lastig dilemma: haar ouders zijn gescheiden en hebben beiden een nieuwe partner. Maar de onderlinge relatie is gespannen. Haar beide ouders meevragen ziet ze dan ook niet zitten. En kiezen kan ze ook niet. Wat moet zij doen? Uiteindelijk maakt ze een keuze die haar zelf veel rust geeft: ze vraagt Alfred mee, haar stiefvader, de nieuwe man van haar moeder. Hij heeft haar enorm geholpen met haar wiskunde en natuurkunde. Zonder hem zou ze het niet hebben gered. Ze vindt dat hij het wel verdiend heeft, na al zijn inspanningen. En daarnaast nodigt ze haar oma uit, ze is immers het eerste kleinkind dat eindexamen doet.

Als hulpverlener zul je regelmatig te maken krijgen met situaties waarin het bijzonder helpend is als je goed op de hoogte bent van het onderwerp loyaliteit en op een heldere manier uitleg kunt geven over zowel de existentiële als de verworven loyaliteit. In situaties waarin je werkt met stief-, pleeg- of adoptiegezinnen is het voor ouders vaak heel waardevol om te horen dat ze hun eigen vorm van loyaliteit opbouwen met een kind. Hoewel ze vaak met regelmaat te maken krijgen met de existentiële loyaliteit van het kind aan zijn biologische ouder(s), hoeft dat geen concurrentie te betekenen. De verworven loyaliteit geeft hen een eigen plek met een eigen waarde. Juist dat kan hen helpen ook ruimte te geven aan de existentiële loyaliteit van een kind of het hierin zelfs te ondersteunen. En andersom betekent het dat ouders ook niet bang hoeven te zijn dat hun kind niet langer loyaal is aan hen als het ook een band opbouwt met een andere volwassene die gedeeltelijk of tijdelijk een opvoedrol vervult in het leven van hun kind.

> **Voorbeeld**
> Nancy (34), gescheiden en moeder van Aron (7) en Jefta (9): 'Toen mijn ex opnieuw ging samenwonen, kon ik dat aanvankelijk niet verdragen. We hebben een co-ouderschap en ik vond het vreselijk dat een andere vrouw een deel van de week voor de kinderen zou zorgen. En ze was nog jong en mooi ook! Van mijn maatschappelijk werker heb ik geleerd dat ik niet bang voor haar hoef te zijn. Ik blijf de moeder van de kinderen en bij mij is het ook gezellig. En voor de kinderen is het eigenlijk wel heel fijn: ik denk dat de dagen bij hun vader leuker zijn nu er ook een vrouw over de vloer is. En ze is heel geduldig in het oefenen met lezen van Jefta. Veel geduldiger dan mijn ex. Dat werd heel vaak ruzie. In het begin durfden ze er nauwelijks over te vertellen. Dan zag ik soms dat ze op het punt stonden iets over haar te zeggen en dat ze het toch weer inslikten. De maatschappelijk werker heeft me aangemoedigd het met hen te bespreken. Ik heb gezegd dat ik ze gun dat het fijn is bij hun vader en zijn nieuwe vrouw. Dat ik blij ben voor hen. Ik vond dat heel moeilijk, maar ik ben wel blij dat ik het gedaan heb.'

7.4 Gespleten loyaliteit

Voor een kind is het van levensbelang dat het openlijk van allebei zijn ouders mag houden en loyaal mag zijn. Hij is immers uit hen allebei voortgekomen. Zijn vader en zijn moeder zijn onlosmakelijk met hem verbonden. Een kind heeft het nodig dat het geen partij hoeft te kiezen tussen zijn ouders, geen keuze hoeft te maken voor de één en tegen de ander. Wanneer dit wel het geval is, komt het kind in een situatie terecht die we gespleten loyaliteit noemen. Bij gespleten loyaliteit wordt een kind (expliciet – maar vaker nog impliciet) gedwongen om een keuze te maken voor de ene ouder ten koste van de ander. Dit gebeurt gemakkelijk wanneer ouders een slechte onderlinge relatie hebben en in situaties waarin kinderen te maken krijgen met de (v)echtscheiding van hun ouders.

> **Voorbeeld**
> Omdat ze blijven ruziemaken over hun dochter Naomi (6), zijn Lize (32) en haar ex-man Marek (41) door de rechtbank doorgestuurd naar een bureau dat ouders helpt in echtscheiding. Sinds Marek ervandoor is gegaan met een vriendin van Lize, is er over hem geen goed woord meer over haar lippen gekomen: hij is een egoïstische, op geld beluste rotzak. En bovendien een slechte vader voor Naomi (6). Er is een omgangsregeling. Maar volgens Lize wil Naomi helemaal niet naar haar vader toe. Ze voelt zich niet veilig bij hem en is altijd overstuur als ze thuiskomt van een weekend bij haar vader. Als Naomi bij haar vader is, noemt hij haar moeder een klotewijf dat overal moeilijk over doet.

7.4 · Gespleten loyaliteit

Doordat haar ouders zich zo negatief over elkaar uitlaten, is het voor Naomi onmogelijk geworden openlijk met beiden een goede band te onderhouden. Ze durft tegen haar moeder niet te zeggen dat ze papa best weleens mist of hoe gezellig het in het weekend was. En als ze het weekend bij haar vader is, heeft ze de moed niet om te zeggen dat ze heimwee heeft naar haar eigen bed en haar eigen kamertje, en dat ze die week ook nog ruzie heeft gehad met mama. Want papa vindt mama toch al zo stom. Voortdurend wordt ze gedwongen mee te gaan met de afwijzing van de ene ouder door de andere.

Leven in een situatie van een gespleten loyaliteit is een enorme last op de schouders van een kind. Maar bovendien is het schadelijk voor zijn ontwikkeling. Wanneer je voortdurend genoopt wordt een van je ouders af te wijzen, raak je innerlijk ontredderd. Door de existentiële loyaliteit heeft een kind een aangeboren behoefte om van allebei zijn ouders te mogen houden. Beiden maken ze een onvervreemdbaar deel uit van zijn leven. Een kind dat voortdurend het gevoel heeft te moeten kiezen voor de één en tegen de ander, moet daarmee in feite een deel van zichzelf afwijzen. En dat is funest voor een gezonde identiteitsontwikkeling: hoe zou je van jezelf kunnen houden als je altijd een deel van jezelf – namelijk een van je ouders – moet afwijzen? Hoe kun je eigenwaarde ontlenen aan talenten en kwaliteiten die je hebt meegekregen van je vader, als je moeder voortdurend negatief over hem spreekt? Een gespleten loyaliteit schaadt ook het vertrouwen van kinderen in hun ouders en dat zal doorwerken in het vertrouwen dat ze verder en later in hun leven in anderen kunnen hebben.

Voor de ouders van Naomi is het belangrijk dat zij samen de verantwoordelijkheid blijven nemen voor het wel en wee van Naomi. Ze kunnen scheiden als partners, maar niet als ouders: zij blijven samen de ouders van dit kind. De hulpverlener zal hen hierop aan moeten spreken en hen wijzen op het grote belang hiervan voor hun kind. Hij dient hen uitleg te geven over de grote kracht van loyaliteit en over de mogelijke gevolgen van gespleten loyaliteit. Het benoemen en bespreekbaar maken hiervan is vaak bijzonder moeilijk en roept veel weerstand op. Er is veel pijn en verdriet in de relatie met de ex-partner. Dat maakt dat ouders vanuit die pijn en bitterheid reageren. Daardoor is het voor hen heel moeilijk zich werkelijk open te stellen voor de behoeften van hun kind. Ouders hebben dan ook vaak veel erkenning nodig voor hun eigen verdriet en pijn die zij in de relatie met de (ex-)partner of tijdens de scheiding hebben opgelopen voordat zij oog kunnen krijgen voor de behoeften van hun kind. De hulpverlener kan de ouders helpen door hen enerzijds die erkenning te geven en anderzijds uitleg te geven over het grote belang voor kinderen om openlijk van beide ouders te mogen houden en een relatie met hen te hebben.

Een belangrijke complicerende factor is hierbij dat je in situaties van gespleten loyaliteit vaak maar een van beide ouders spreekt. Het is de moeite waard om dan toch te proberen ook de andere ouder uit te nodigen voor een gesprek. En waar mogelijk hen zelfs samen te spreken. Door nadrukkelijk uit te leggen dat hun komst (of zo mogelijk hun gezamenlijke aanwezigheid) in het belang is van hun kind, zullen ouders daar soms open voor staan. Ouders hebben vaak veel steun en erkenning nodig voor hun pogingen hun kind de ruimte te geven openlijk loyaal te zijn aan de andere ouder. Het is niet niks om enthousiast te reageren op vaders dure cadeau waar je kind mee thuiskomt als je als moeder zelf nauwelijks rond kunt komen en zo diep door deze man bent gekwetst. Of wanneer je eigenlijk vindt dat hij hiermee probeert de liefde van het kind te kopen of een slechte vader is die bezig is het kind te verwennen. En het is een hele opgave voor een vader om het uitgebreide verslag over het verjaardagfeestje van je zoon te horen wanneer je zelf altijd het gevoel hebt dat je, wat de moeder betreft, eigenlijk niet meer welkom bent in het leven van je zoon.

7.5 Loyaliteitsconflicten

Loyaliteitsconflicten horen bij het leven. Ze ontstaan wanneer de belangen van verschillende mensen aan wie iemand zich loyaal voelt met elkaar botsen. Ze laten zich met name voelen wanneer existentiële en verworven loyaliteit met elkaar conflicteren.

> **Voorbeelden**
> Op de dag dat de broer van Tomas afstudeert, viert ook Tomas' beste vriend Vincent zijn veertigste verjaardag met een bijzonder feest.
> De moeder van Marieke (27) moet naar het ziekenhuis voor een ingrijpend onderzoek. Ze heeft Marieke gevraagd met haar mee te gaan. En Marieke wil dat ook wel graag. Maar juist op die dag is er vanuit haar werk een studiedag voor het hele team, waarvan de datum ruim van tevoren bekendgemaakt is zodat iedereen aanwezig zou kunnen zijn.

Met dergelijke loyaliteitsconflicten krijgt iedereen regelmatig te maken; ze horen bij het leven. Toch valt het niet altijd mee om ermee om te gaan en soms is het zelfs behoorlijk ingewikkeld om er je weg in te vinden. Regelmatig zul je in de hulpverlening te maken krijgen met volwassen mensen die hier niet zonder hulp uitkomen.

> **Voorbeeld**
> Ingrid (27) heeft sinds enige tijd last van paniekaanvallen, waarvoor ze hulp heeft gezocht. Tijdens de intake blijkt dat ze in een hevig loyaliteitsconflict zit: haar man heeft een baan aangeboden gekregen in het zuiden van het land, haar moeder woont in Noord-Holland. Tot nu toe woonden ze zo dicht bij haar moeder dat ze gemakkelijk even een kopje koffie kon komen drinken. Ingrid weet dat haar moeder dat geweldig leuk vindt. Maar als ze in Limburg gaan wonen, is dat niet meer mogelijk. Ingrid houdt zielsveel van haar man en is blij met de kans die hij heeft gekregen, maar tegelijkertijd kan ze het niet over haar hart verkrijgen haar moeder 'in de steek te laten'. Ze voelt zich verscheurd tussen loyaliteit aan haar man en haar moeder.

Wanneer de maatschappelijk werker Ingrid uitleg geeft over loyaliteiten en loyaliteitsconflicten, geeft haar dat al veel rust. Ze is blijkbaar niet gek, maar heeft wel een klus te klaren. Ingrid wil echt graag met haar man naar Limburg verhuizen, maar kan de hulp en support van het maatschappelijk werk goed gebruiken om door dit hele proces heen te gaan. Centraal staat daarbij de vraag hoe zij de relatie met haar moeder vorm wil geven als ze straks zo ver bij elkaar vandaan wonen.

Ook kinderen krijgen te maken met loyaliteitsconflicten. Ga je mee op bezoek bij oma? Of kies je ervoor om te blijven spelen met je beste vriendje? Als je niet meegaat naar oma, vindt oma dat erg jammer. En als je nu weggaat, is je vriendje erg

7.5 · Loyaliteitsconflicten

teleurgesteld. De vraag 'wat wil je zelf het liefst?' is soms nauwelijks te beantwoorden vanuit een diep verlangen beide partijen niet tekort te willen doen. Sommige kinderen krijgen te maken met heel ingewikkelde loyaliteitsconflicten. De zojuist genoemde gespleten loyaliteit is hier een extreem voorbeeld van. Maar ook kinderen die opgroeien in pleeg- of adoptiegezinnen krijgen hiermee te maken. Zij kunnen enorm worstelen met het spanningsveld tussen de existentiële loyaliteit aan hun biologische ouders en de verworven loyaliteit van de vervangende of aanvullende opvoeder. Deze spanning laat zich regelmatig voelen.

Voorbeeld
Een pleegzorgwerker vertelt: Ryan (4) en Raymond (5) zijn geplaatst in een perspectief biedend pleeggezin. Dat betekent dat ze daar naar verwachting verder op zullen groeien tot ze volwassen zijn. De jongens komen uit een zeer gematigd moslimgezin. Het pleeggezin is christelijk. De pleegouders wilden de kinderen laten dopen. Aanvankelijk heb ik geprobeerd hen uit te leggen dat dat voor de jongens erg ingewikkeld zou zijn en hen in een loyaliteitsconflict zou brengen met hun ouders. Maar daar stonden ze niet voor open: het ging toch gebeuren. Toen heb ik met de biologische ouders van de kinderen gesproken. Ze vonden het erg moeilijk, maar begrepen dat het voor hun kinderen belangrijk is dat zij en de pleegouders samenwerken om het voor de kinderen niet moeilijker te maken dan het toch al is. Uiteindelijk zijn de ouders ook naar de doop gekomen, heeft de dominee ze heel hartelijk welkom geheten en is er daarna gezamenlijk taart gegeten. Soms zijn ouders wijzer dan pleegouders – al denken pleegouders vaak van niet.

Wanneer je als hulpverlener werkt met pleeg-, stief- of adoptiegezinnen, krijg je regelmatig met loyaliteitsconflicten te maken. De samenwerking tussen pleeg- en biologische ouders kan complex zijn en samenwerken is zeker niet vanzelfsprekend. Een pleegzorgwerker vertelt: soms moet ik alle zeilen bijzetten om te voorkomen dat ouders of pleegouders het kind in een loyaliteitsconflict brengen. Biologische ouders geven soms af op het huishouden van de pleegouders, geven toestemming voor dingen die van de pleegouders niet mogen of verbieden het kind dingen te doen die de pleegouders graag willen: 'Wij vinden zo'n matje mooi – onzin dat hij naar de kapper moet.'

Op hun beurt doen pleegouders soms ook onhandige dingen: een kind krijgt bij een begeleid bezoek niet de nieuwe kleren aan die moeder gekocht heeft, cadeautjes van de biologische ouders worden afgenomen (onze kinderen krijgen ook niet zomaar een cadeautje) of meegegeven lekkernijen worden weggegooid omdat ze vast niet hygiënisch zijn klaargemaakt.

Het is belangrijk de beide vormen van loyaliteit te kennen en te waarderen. Het is goed om pleegouders telkens weer te herinneren aan de existentiële loyaliteit van hun pleegkinderen naar hun natuurlijke ouders. Je kunt hen aanmoedigen en helpen om vormen te vinden om het kind te helpen uiting te geven aan zijn existentiële loyaliteit.

> **Voorbeeld**
> Massoud (11) woont sinds zijn vijfde jaar in een pleeggezin. Zijn moeder is een aan heroïne verslaafde prostituee die hij al drie jaar niet gezien heeft. Maar op een dag zal ze terugkomen. Dat staat vast. Op de kast in zijn kamer staat een grote doos. In deze doos stopt hij, aangemoedigd door pleegmoeder Monique, regelmatig tekeningen, kaartjes, rapporten en andere belangrijke dingen. Als ze dan komt, heeft hij heel wat om haar te laten zien. Monique zegt daarover: 'Het was een idee van de pleegzorgwerker. Eerst stond ik er aarzelend tegenover. Misschien ziet hij haar nooit meer. Maar ik zie dat het voor Massoud belangrijk is. We kijken nu ook regelmatig samen de doos door en praten er dan over.'
> Marieke, de pleegmoeder van Mats (7), vertelt: 'De moeder van Mats heeft het jammer genoeg te moeilijk met zichzelf om nu ook nog contact met Mats te onderhouden. Dat is in het verleden wel anders geweest, maar nu redt ze dat niet. Op advies van de pleegzorgwerker houden we nu vooral zijn oma van zijn wel en wee op de hoogte. Mats maakt regelmatig een tekening voor zijn moeder, die we dan aan oma sturen. Zij ziet zijn moeder van tijd tot tijd en zorgt dan ook dat de tekening bij haar terechtkomt. Vaak belt oma later op om te zeggen dat zijn moeder er blij mee was. Toen Mats moest afzwemmen voor zijn A-diploma, hebben we een kopie daarvan naar oma gestuurd. Hij kreeg toen een leuke kaart van haar en moeder samen. Ze had daar zelf haar naam op gezet. De kaart ligt bij Mats in bed, zo blij is hij ermee.'
> Esmee en Lydia worden pleegmoeders van Kayleigh en Sam. Bij het kennismakingsbezoek vraagt hun biologische moeder Shanna gespannen: moeten ze jullie straks ook mama noemen? Waarop Lydia spontaan uitroept: maar jij bent en blijft toch hun moeder? Shanna zegt daarover later: toen was het goed. Bij die vrouwen mochten ze wonen. Dat heb ik ook tegen de kinderen gezegd – dat Lydia en Esmee beter voor hen zorgen dan ik. Maar dat ik altijd van ze houd.
> Later mocht ik ook altijd mee als er nieuwe kleren gekocht moesten worden – ze vonden het heel belangrijk dat ik de kleren ook mooi vond. Dat was altijd heel gezellig.

De pleegzorgwerker kan de pleegouders ook helpen door hen ervan te verzekeren dat het pleegkind ook loyaal aan hen is. Voor sommige pleegouders komt de onverwoestbare zijnsloyaliteit namelijk ondankbaar over.

> **Voorbeeld**
> 'We staan altijd voor hem klaar, hij woont hier al vijf jaar. En toch... als hij naar zijn moeder gaat koopt hij vaak bloemen of iets lekkers voor haar. Wij hebben nog nooit spontaan iets van hem gehad...'

Goede uitleg over verworven loyaliteit is dan van groot belang, zodat zij gaan zien dat beide vormen naast elkaar kunnen bestaan. De hulpverlener kan pleegouders ook helpen te gaan zien wanneer het kind zijn loyaliteit aan hen uit.

Kinderen die niet – of slechts in beperkte mate – bij hun eigen ouders opgroeien, kunnen soms jarenlang worstelen om deze beide loyaliteiten een plek te geven in hun leven. Naarmate ze hier beter in slagen, zullen ze steviger en evenwichtiger in hun schoenen staan. Pleeg- en adoptieouders kunnen hier een belangrijke bijdrage aan

7.5 · Loyaliteitsconflicten

leveren, door samen met het kind te zoeken naar manieren om vorm te geven aan de existentiële loyaliteit. Goede begeleiding door de bij het gezin betrokken hulpverleners is hierin van onschatbare waarde. Door te investeren in de existentiële loyaliteit van een pleegkind aan zijn biologische ouders, helpen pleegouders voorkomen dat een pleegkind terechtkomt in een loyaliteitsconflict tussen hen en zijn natuurlijke ouders.

Voor een vergelijkbare taak staan adoptieouders. Het is dan ook van belang dat er in het voorbereidingstraject van de adoptie voorlichting wordt gegeven over de beide vormen van loyaliteit en over het belang het adoptiekind te begeleiden in het uiting geven aan zijn existentiële loyaliteit. Het kan voor adoptieouders bijzonder helpend zijn om voorbeelden te krijgen van de wijze waarop andere ouders dit hebben gedaan.

Voorbeelden
De adoptieouders van de in Mexico geboren Juanita (14) hebben jarenlang op een speciale rekening gespaard. Ze noemden dit gekscherend 'het Mexicofonds', bedoeld voor het moment waarop Juanita mogelijk op zoek zou willen gaan naar haar biologische ouders. Jan, vader van drie Aziatische adoptiekinderen, heeft zelf een nogal impulsief karakter. Liefdevol spreekt hij over 'de flegmatische Aziatische volksaard' van zijn kinderen. Opvallend is dat hij hier dus niet het karakter van de individuele kinderen benoemt, maar zich positief uitlaat over het volk waaruit zij zijn voortgekomen.

Ook in een eventueel nazorgtraject of in situaties waarin ouders op een gegeven moment hulp zoeken vanwege problemen, is het van belang dat een hulpverlener zicht heeft op de invloed die mogelijke loyaliteitsconflicten kunnen hebben op de problematiek.

Bijzondere aandacht met betrekking tot loyaliteit is ook van belang bij regenbooggezinnen: gezinnen met twee vaders, twee moeders – of drie (soms vier) ouders. En achter die ouders staan vaak ook grootouders. In deze gezinnen beleven alle ouders dat zij vader of moeder zijn van het kind – terwijl vanuit het kind gezien er existentiële én verworven loyaliteit zal zijn naar de biologische ouders – en alleen verworven loyaliteit naar de opvoedouder(s). Ook kinderen die verwekt zijn middels eicel of zaaddonaties of die geboren zijn uit een draagmoeder, kunnen worstelen met hun existentiële loyaliteit.

Voorbeeld
Een POH-ggz vertelt: ik sprak een meisje (14) met aanvankelijk vier ouders en acht grootouders: ze heeft twee homoseksuele vaders en twee lesbische moeders. Ze woont de ene week bij het ene koppel, de andere week bij het andere ouderpaar. Toen gingen twee ouders en vier grootouders scheiden – en kwamen er nieuwe partners. Ik heb met haar geprobeerd met duplo-poppetjes haar familie neer te zetten. Tjonge – wat waren er een mensen die zich met alle liefde met haar verbonden voelden. Maar voor haar was het zo'n klus om daarin haar plekje te vinden en te ontdekken wie zij eigenlijk is. Ik heb haar vooral veel erkenning gegeven. Van onrecht – omdat het (ook al hield iedereen veel van haar) voor haar niet te doen was zich tot iedereen te verhouden. En ook van verdienste – omdat ze zich daar zo lang wel voor heeft ingespannen. Uiteindelijk maakte ze toch een soort verdeling tussen 'echte familie' met wie ze een bloedband had en de anderen. Dat gaf haar ruimte om zich af te kunnen bakenen en te onderzoeken hoe zij met iedereen om wilde gaan.

7.6 Onzichtbare loyaliteit

Er zijn ook situaties mogelijk waarin iemand niet op een open manier loyaal wil of kan zijn aan zijn ouders. Dit gebeurt bijvoorbeeld wanneer sprake is van mishandeling of verwaarlozing, of wanneer een kind in de steek is gelaten door zijn ouders. Het kind zit dan in een onmogelijke positie: het kind is enorm boos op of teleurgesteld in de ouders, ze hebben hem ernstig gekwetst of tekortgedaan, maar zal, in de visie van Nagy, toch altijd loyaal zijn aan zijn ouders. Een loyaliteit waar het kind geen kant mee uit kan.

Dat is ook het geval bij een kind dat in een gespleten loyaliteit zit: het mag niet loyaal zijn aan een van zijn ouders, maar is dat toch.

Wanneer een kind in een situatie verkeert waarin het niet openlijk loyaal kan of mag zijn aan (een van) zijn biologische ouders, zal het daarvoor onzichtbare vormen kiezen. Dit noemen we dan ook *onzichtbare of verborgen loyaliteit*. Dit uit zich bijvoorbeeld in krampachtig vasthouden aan bepaalde gewoonten uit het gezin van herkomst of door zich te blijven afzetten tegen pleegouders. Alsof het kind daarmee eigenlijk wil zeggen: het contact met mijn pleegmoeder mag niet beter zijn dan met mijn echte moeder... Vormen van onzichtbare loyaliteit zijn vaak moeilijk te herkennen, terwijl ze een destructieve invloed hebben op andere relaties. In feite krijgen andere relaties de rekening gepresenteerd van niet openlijk loyaal kunnen zijn aan (een van) de ouders.

> **Voorbeeld**
> Marc (23) en Lois (21) wonen een paar jaar samen. De laatste tijd hebben ze in toenemende mate ruzies waar ze niet uitkomen. Ze hebben samen hulp gezocht omdat ze hopen daarmee hun relatie te redden. Als een van de oorzaken van de ruzies noemt Lois het dwingende gedrag van Marc rond de maaltijden. Altijd soep bij de warme maaltijd en op zondag uitgebreid koken. Altijd aan tafel en nooit eens met een bord op de bank. Eten dat op een bepaalde manier klaargemaakt moet worden; als het anders gaat, wordt hij woest. Marc zelf denkt daar heel anders over. Hij wil het gewoon graag zo. Nadat zij allebei hebben verteld over de dagelijkse problemen, vraagt de maatschappelijk werker hen om meer te vertellen over het gezin waarin ze opgegroeid zijn. Dan vertelt Marc dat hij sinds zijn zeventiende geen contact meer heeft met zijn ouders. In het gesprek realiseert hij zich dat hij krampachtig probeert de eetgewoonten van thuis vast te houden.

Wanneer het gedrag van een kind in tegenspraak lijkt met loyaliteit, is er vaak sprake van verborgen loyaliteit.

> **Voorbeeld**
> Een maatschappelijk werkster geeft opvoedingsondersteuning aan Maria, een gescheiden vrouw, moeder van Peter (8). Door de heftige conflicten tussen de ouders is er op het moment nauwelijks contact tussen Peter en zijn vader. Op een vergadering waarin over dit gezin gesproken wordt, merkt de maatschappelijk werkster op: 'Ik geloof niet dat Peter loyaal is aan zijn vader. Hij praat nooit over hem en vraagt ook nooit wanneer hij hem weer kan zien.' Een opmerkzaam teamlid valt het op dat in

het intakerapport staat dat Peter, verder toch zo'n lief en meegaand jongetje, altijd stampei maakt als het over de kerk en het kerkelijk kinderwerk gaat. Hij wil er nooit naartoe en is woest als hij toch moet. Zijn moeder vindt het heel lastig om ermee om te gaan. Zij heeft ook weleens verteld dat Peters vader helemaal niets heeft met geloof en kerk. Het lijkt erop dat Peter in een situatie zit waarin hij niet openlijk loyaal kan zijn aan zijn vader. Zou het kunnen dat Peter de loyaliteit aan zijn vader op een onzichtbare manier uit?

Het is in Peters belang dat dit bespreekbaar gemaakt wordt met zijn moeder. En dat de maatschappelijk werkster met haar op zoek kan gaan naar manieren waarop zij Peter kan helpen openlijk loyaal te zijn aan zijn vader. Maar als gezegd: dat is bepaald geen sinecure. Er zal eerst heel wat puin geruimd moeten worden bij de moeder en zij zal heel wat verdriet en boosheid jegens Peters vader moeten verwerken voordat zij open kan staan voor loyaal gedrag van Peter ten opzichte van zijn vader.

Onzichtbare loyaliteit is geen keuze, geen bewuste actie van een kind. Het is het onbewuste gevolg van niet openlijk loyaal kunnen of willen zijn aan de ouders. Vormen van onzichtbare loyaliteit zijn vaak moeilijk te herkennen, juist omdat het onbewust gebeurt. Je kunt ze op het spoor komen doordat je de gevolgen ervan leert onderscheiden. Onzichtbare loyaliteit uit zich vaak in destructief gedrag in andere relaties, waardoor deze relaties stagneren of kapot (dreigen te) gaan. Het gaat vaak om gedrag dat je niet kunt begrijpen of verklaren. Wanneer je als hulpverlener met cliënten te maken krijgt die dergelijk gedrag vertonen, is het raadzaam te verkennen of en hoe de cliënt vorm kan geven aan de loyaliteit aan zijn ouders. Wanneer zij dat niet openlijk kunnen of willen doen (bijvoorbeeld doordat zij hun ouders afwijzen of zeer negatief over hen spreken), zou dat je vermoeden van onzichtbare loyaliteit kunnen versterken. Het betekent vaak dat cliënten eerst veel erkenning nodig hebben voor het onrecht dat zij lijden of geleden hebben. Pas daarna kunnen zij geholpen worden te zoeken naar vormen waarin zij op een openlijke manier loyaal kunnen zijn aan hun ouder(s).

7.7 Over-loyaal zijn

Ten slotte is het ook mogelijk dat iemand over-loyaal is ten aanzien van zijn ouders. Het betekent dat iemand in hoge mate beschikbaar is en blijft voor zijn ouders en zichzelf niet van hen kan afbakenen, ten koste van zichzelf en ten koste van anderen met wie hij in relatie staat. Over-loyaal zijn ten aanzien van ouders schaadt het opbouwen van een eigen (gezins)leven of staat dat zelfs in de weg.

Voorbeeld
Hoewel zijn vrouw er sterk op heeft aangedrongen dat hij een avond thuis zou zijn bij haar en de kinderen omdat hij de hele week zoveel weg is, kiest Wim er toch voor om op bezoek te gaan bij zijn moeder. 'Anders zit zij ook weer alleen.' Dat hij daarmee zijn eigen gezin tekortdoet ontgaat hem.

7.8 Ten slotte

Ieder mens heeft in zijn leven te maken met loyaliteiten. Existentiële en verworven loyaliteit en loyaliteitsconflicten horen bij het leven. In de hulpverlening krijg je tevens te maken met gespleten loyaliteit, onzichtbare loyaliteit en over-loyaal zijn. Je moet hiermee rekening houden, bijvoorbeeld door te voorkomen dat jijzelf of anderen zich negatief uitlaten over de ouders van cliënten. Daarnaast lever je een waardevolle bijdrage aan het welbevinden van cliënten door hen te helpen vorm te geven aan hun loyaliteiten. Daar waar cliënten ruimte en mogelijkheden vinden om te leven in loyaliteit, heeft dat een positieve, constructieve invloed op hun persoonlijke ontwikkeling.

7.9 Opdrachten

- **Persoonlijke ontwikkelingsoprdachten:**
    - Welke aspecten van loyaliteit zijn voor jou herkenbaar in je eigen leven?
    - Kun je uit je eigen leven voorbeelden noemen van loyaliteitsproblemen? Op welke manier beïnvloeden ze jouw leven?
- **Toepassingsopdrachten voor de beroepspraktijk:**
    - Vorm groepjes van studenten die werkzaam zijn in verschillende werkvelden. Bedenk met elkaar voorbeelden van existentiële en verworven loyaliteit.
    - Bedenk vervolgens ook voorbeelden van de verschillende vormen van loyaliteitsproblemen. Hoe zou je, vanuit de contextuele benadering, in deze situaties kunnen handelen?

Passend en niet-passend geven

8.1 Inleiding – 70

8.2 Het belang van geven – 70

8.3 Passend geven – 71

8.4 Niet-passend geven – 73

8.5 Vormen van destructieve parentificatie – 74
8.5.1 Het kind als ouder – 75
8.5.2 Het kind als ouder van de ouder – 76
8.5.3 Het kind als partner – 77
8.5.4 Het perfecte kind – 79
8.5.5 De zondebok – 82
8.5.6 Het kind dat kind moet blijven – 82

8.6 Ten slotte – 84

8.7 Opdrachten – 84

© Bohn Stafleu van Loghum is een imprint van Springer Media B.V., onderdeel van Springer Nature 2021
K. van Ieperen-Schelhaas, *Contextuele hulpverlening*, https://doi.org/10.1007/978-90-368-2547-4_8

8.1 Inleiding

In dit boek is in vrijwel alle hoofdstukken al gesproken over geven en ontvangen. In dit laatste hoofdstuk wordt dit onderwerp nu separaat besproken, waarbij we samenvatten en verdiepen en uiteindelijk inzoomen op de vraag: wanneer is geven passend – draagt het bij aan een gezonde ontwikkeling van kinderen – en wanneer is het niet passend – en doet het kinderen geen recht. Er wordt uitgebreid ingegaan op situaties en patronen van ongepast geven. De aandacht zal daarbij uitgaan naar zowel de gezinssituatie van opgroeiende kinderen, als naar de gevolgen die het ongepast geven als jong kind heeft op het leven van volwassen geworden kinderen. Ook worden er praktische handreikingen gedaan voor mogelijk handelen van de hulpverlener.

8.2 Het belang van geven

Alle kinderen geven aan hun ouders. Dat is een van de fundamentele uitgangspunten van de contextuele benadering. In ▶ H. 1 en 3 kwam dit aan de orde rond de onderwerpen relationele ethiek en loyaliteit.

Nagy gaat er in zijn contextuele benadering vanuit dat de basis van menselijke relaties wordt gevormd doordat mensen aan elkaar geven en van elkaar ontvangen. Dit geven en ontvangen is een wederzijds gebeuren: het vindt over en weer plaats. In de visie van Nagy is dit niet een vrijblijvend iets, waar je al dan niet voor zou kunnen kiezen. Voor hem is het een gegeven, een realiteit. Om te kunnen (over)leven, hebben mensen het nodig zorg te ontvangen. Om te kunnen ontvangen, is het noodzakelijk dat er gegeven wordt. Dit principe vindt zó vanzelfsprekend plaats dat je je er vaak niet bewust van bent. Geven en ontvangen gebeuren voor een deel bijna automatisch.

Nagy gaat er niet alleen vanuit dat er tussen mensen gegeven en ontvangen wordt, hij is ook van mening dat het *rechtvaardig* is. Met het woord *rechtvaardig* bedoelt Nagy dat er recht gedaan wordt aan mensen. Door te mogen ontvangen, ontvangt een mens wat hij nodig heeft en dat is *rechtvaardig*, het doet hem recht. En door te mogen geven, door van betekenis te mogen zijn voor een ander, groeit een mens in eigenwaarde. En ook dat doet hem recht en is dus *rechtvaardig*. Als je iets te geven hebt wat waardevol is voor een ander, ben jij immers ook waardevol. Om op een goede manier volwassen te mogen worden, heeft een kind het dan ook nodig om te ontvangen én te geven.

Het geven en ontvangen in relaties is niet altijd in balans. Er wordt niet altijd evenveel gegeven als er wordt ontvangen. Soms geeft een mens meer dan dat hij ontvangt, maar ook het omgekeerde kan het geval zijn. Dat kan ook niet anders: in bepaalde fasen of perioden van het leven is iemand meer of minder in staat om te geven en heeft iemand het meer of minder nodig om te ontvangen. Nagy noemt een relatie *rechtvaardig* als er op lange termijn een evenwicht bestaat tussen wat er in die relatie wordt gegeven en ontvangen. In een dergelijke relatie is er door de jaren heen oog voor de wederzijdse behoeften en verlangens. Voor kwetsbare mensen zal die balans mogelijk ook op lange termijn niet evenwichtig zijn. En ook dat is rechtvaardig, want in de visie van Nagy heeft de kwetsbaarste in een relatie altijd het recht op de meeste zorg. Tegelijkertijd betekent het ook dat degene die in een dergelijke relatie het meeste geeft, het nodig zal hebben om in andere relaties wel te ontvangen wat hij nodig heeft.

In het gezin waarin een kind opgroeit, wordt de basis gelegd voor de wijze waarop het geven en ontvangen in zijn latere leven gestalte zal krijgen. Wanneer een kind opgroeit in een gezinssituatie waarin het ontvangt wat het nodig heeft en op een bij hem passende manier een bijdrage mag leveren aan het leven en welzijn van zijn ouders en het gezinssysteem, groeit een kind op tot een evenwichtige volwassene die in staat is zelf verantwoordelijkheid te dragen en relaties te onderhouden. Hij zal ook als volwassene op een goede manier vorm weten te geven aan de balans tussen geven en ontvangen in zijn leven. Wanneer een kind daarentegen niet ontvangt wat het nodig heeft of wanneer het op een niet-passende manier geeft aan zijn ouders, heeft dat een negatieve invloed op zijn (latere) functioneren. Eenmaal volwassen geworden zal dit kind gemakkelijk te veel blijven geven en dus roofbouw plegen op zichzelf. Of het opgebouwde tekort bij anderen proberen te verhalen. Dit laatste wordt door Nagy *de roulerende rekening* genoemd. Dit gebeurt gemakkelijk wanneer een mens als kind tekort is gekomen in wat hij nodig had. Zo iemand blijft zitten met een gemis, een openstaande rekening. Dit gemis kan verhaald worden op anderen die in feite niets met het opgelopen tekort aan zorg of erkenning te maken hebben. Kinderen worden hier nogal eens het slachtoffer van. Kinderen spannen zich immers dikwijls in om hun ouders gelukkig te maken. Zij voelen vaak feilloos aan wat hun ouders tekort zijn gekomen of nodig hebben en reageren daarop door op hun eigen, kinderlijke wijze voor hun ouders te gaan zorgen. Wanneer dit gebeurt, lopen deze kinderen het risico dat zij op hun beurt niet ontvangen wat zij nodig hebben; zo lopen ook zij een gemis op in hun leven. Op deze wijze wordt de openstaande rekening van de ene generatie doorgegeven aan de andere. De rekening rouleert, vandaar de naam *roulerende rekening*.

Het patroon van geven en ontvangen ontwikkelt zich dus in de *gegeven relaties* en werkt vervolgens in belangrijke mate door in de *verworven relaties*.

Als hulpverlener kun je op verschillende momenten te maken krijgen met de balans tussen geven en ontvangen. In het heden: wanneer je bijvoorbeeld werkt met thuiswonende kinderen en hun ouder(s). Maar ook in het verleden: de wijze waarop in een gezin het geven en ontvangen gestalte krijgen, kan niet losgezien worden van de gezinnen waarin deze ouders zelf zijn opgegroeid. En wanneer je werkt met volwassen cliënten en hun problematiek, zul je regelmatig in gesprek gaan over wat zij in het gezin van herkomst al dan niet hebben ontvangen, en over de manier waarop en de mate waarin zij als kind hebben gegeven.

8.3 Passend geven

Met passend geven wordt bedoeld dat het goed is voor het kind om te geven. Door iets te geven, levert het kind een bijdrage aan het leven en welbevinden van de ouders of het gezin op een manier die hem geen schade berokkent. Integendeel! Passend geven draagt op een belangrijke wijze bij aan het ontwikkelen van een positief zelfbeeld van kinderen. Maar wat is dan passend geven? Hiervoor is een aantal richtlijnen te geven.

In de eerste plaats sluit passend geven aan bij de *persoonlijkheid, de leeftijd en ontwikkeling* van een kind.

> **Voorbeeld**
> De vader en moeder van Marjet (5) slapen op zaterdagochtend uit. Marjet bedenkt een verrassing: ze krijgen ontbijt op bed! Heel zachtjes gaat ze naar de keuken om een glaasje ranja, koekjes en beschuitjes met een plakje worst klaar te maken. Daar hoeft tenminste geen boter op, dat is zo moeilijk. Heel voorzichtig brengt ze het naar boven. En hoewel het pas kwart voor zeven is, vinden papa en mama het geweldig!

Dat kwart voor zeven wel erg vroeg is voor de zaterdagochtend, maakt even niet zoveel uit. Kinderen van vijf zijn vaak vroeg wakker en hebben nog weinig benul van tijd. Dat de lekkernijen die Marjet opdient ook niet helemaal het droomontbijt van haar ouders zullen zijn, doet ook niet zoveel ter zake: Marjet heeft bij haar keuze rekening gehouden met wat ze zelf lekker vindt (en waarom zouden papa en mama daar niet van houden?) en met wat ze kan.

Een tweede kenmerk van passend geven is dat het geven *gezien en erkend* wordt. De ouders van Marjet doen het erg goed: ze letten even niet op het tijdstip en het menu, maar ze zien Marjets poging om hen te verwennen en zijn daar blij mee.

Ten slotte is het belangrijk dat het geven ook *begrensd* wordt. Als Marjet de hele dag door dit soort maaltijden organiseert, is het goed om dat een halt toe te roepen.

'Jij hebt het ontbijt al gemaakt, Marjet. De rest van de dag zorgen papa en mama weer voor het eten. Ga jij nu maar lekker spelen.' De ouders van Marjet zouden ook kunnen overwegen haar een grens te stellen wat betreft de tijd waarop ze op zaterdagochtend bij hen mag komen.

Om passend te kunnen geven, hebben kinderen regelmatig de hulp van hun ouders nodig.

> **Voorbeeld**
> De moeder van Franca (37) is na een lang ziekbed overleden. De dagen na de begrafenis moet Franca veel huilen. Haar dochter Christien (3) laat haar geen moment in de steek. Regelmatig rent ze naar buiten, wrijft met haar handjes langs de lavendel en duwt haar geurende knuistjes onder Franca's neus. 'Ruik maar,' zegt ze lief.
> 'Nou hoef je niet meer te huilen hè?' Als Franca's tranen blijven stromen, is ze erg teleurgesteld. 'Ik kan toch goed troosten?' vraagt ze verdrietig aan haar vader. Haar vader neemt haar op schoot en vertelt haar dat ze dat inderdaad heel goed kan en dat het ook heel lief van haar is dat ze mama zo graag wil troosten. Maar ook dat mama nu zo verdrietig is dat het voor haar juist heel goed is om te huilen. 'Tranen zijn net zalf,' legt hij uit. 'Je wordt er minder verdrietig van. Als je graag wilt helpen om mama te troosten, zeg dan maar tegen haar dat ze best mag huilen. Je zult zien dat het over een paar dagen al veel beter gaat met mama.'

In dit voorbeeld helpt de vader van Christien zijn dochter op een belangrijke manier: hij ziet en waardeert dat ze mama probeert te troosten. Maar hij leert haar ook dat deze manier van troosten mama op het moment niet helpt. Dat ligt niet aan Christien, maar aan het grote verdriet van haar moeder. Daarom vertelt hij haar ook hoe ze het wel kan doen. Niet omdat het moet, maar omdat Christien dat zelf graag wil. Dat Christien

8.4 · Niet-passend geven

mama graag wil troosten, past bij haar persoonlijkheid. Mogelijk dat een ander kind in dezelfde situatie mama met rust laat en rustig in een hoekje gaat zitten spelen. Of haar eraan herinnert dat zijn zwemspullen vandaag echt mee moeten naar school.

In de visie van Nagy wordt het passend geven door kinderen aan hun ouders ook wel *constructieve* parentificatie genoemd. Dit geven levert immers een constructieve bijdrage aan de ontwikkeling van het kind. Het wordt ook wel *het verwerven van constructief recht* genoemd. In de visie van Nagy is parentificatie, het zorg dragen van een kind voor zijn ouders of het gezin, dus niet altijd negatief. Wanneer het gezien, erkend en begrensd wordt, kan het een positieve bijdrage leveren aan de ontwikkeling van het kind.

Wat passend of niet-passend geven is, kent ook grote culturele verschillen.

Voorbeeld
Student Marouan (20) is verbaasd dat ik er in de les zo de nadruk op leg dat het voor kinderen niet goed is om structureel voor hun broertjes en zusjes te zorgen en hen op te voeden. Het maakt dat kinderen zich verantwoordelijk gaan voelen voor waar ze niet verantwoordelijk voor zijn. Hij vertelt dat dit in zijn Marokkaanse cultuur heel gewoon is. Hij is zelf de oudste zoon en draagt al van jongs af aan een grote verantwoordelijkheid in de opvoeding van zijn jongere broers en zussen. Hij ervaart het als een eer waar hij ook veel erkenning voor krijgt. Hij herkent dat zijn geven gezien en erkend wordt – maar niet begrensd. Hij heeft inderdaad een heel groot verantwoordelijkheidsgevoel, maar ervaart dat als positief. Voor hem is deze vorm van geven dus constructief.

Ook wanneer een kind kwetsbaar is, mag het geven en is het belangrijk dit geven te zien en te erkennen. Zo verwerft ook dit kind constructief recht.

Voorbeeld
Het gaat al lange tijd niet goed met Jente (14). Het hele gezin is er doodmoe van geworden. Haar ouders en broer zien uit naar een vakantie in Oostenrijk. Jente ziet dit niet zitten, waarop haar ouders besluiten dat ze dan niet gaan. Omdat ze dit toch ook moeilijk vinden, overwegen ze de mogelijkheid dat een van de ouders en haar broer wel op vakantie gaan. Voor Jente is dit heel ingewikkeld. Ze voelt zich schuldig en zegt dat ze dan toch liever wel wil gaan. Aanvankelijk willen de ouders dit niet: zij willen respecteren dat Jente thuis wil blijven. Tot de systeemtherapeut duidelijk maakt: ze mag ook geven! Bedank haar hartelijk voor haar bereidheid om jullie deze vakantie te gunnen door mee te gaan (zien en erkennen). En bespreek met haar wat ze op vakantie wel of niet wil (begrenzen). Uiteindelijk doet de vakantie iedereen goed.

8.4 Niet-passend geven

In veel gezinnen zullen kinderen de gelegenheid hebben om op een passende manier te leren geven. Tegelijkertijd zal hun geven lang niet altijd gezien of gewaardeerd worden. Wanneer dat niet de dagelijkse gang van zaken is, is dat ook niet zo erg. Het hoort bij het leven en het zal hen, later als ze groot zijn, ook weleens overkomen. Het is goed dat een kind daarmee leert omgaan. En het zal ook voorkomen dat een kind iets geeft waarbij het van de situatie afhangt of het schadelijk voor een kind is of niet.

> **Voorbeeld**
> De ouders van Lisette (7) hebben ruzie en niet zo'n klein beetje ook: hun geschreeuw schalt door het hele huis. Met haar stiftendoos onder haar arm en een trillend lipje vertrekt Lisette geruisloos naar haar kamertje. Daar werkt ze hard aan een prachtige tekening, vol met hartjes en de namen van papa en mama. Als het beneden iets rustiger lijkt, gaat ze naar haar ouders toe om hen de tekening te geven. Ze doet dat met de woorden: 'Deze is voor jullie samen. En jullie mogen samen bedenken waar jullie hem op gaan hangen.' De klemtoon ligt natuurlijk nadrukkelijk op het woordje 'samen'.

Arme Lisette: het moet heel bedreigend voor haar zijn om haar ouders ruzie te horen maken. Helemaal omdat de ouders van een jongetje uit haar klas onlangs uit elkaar zijn gegaan. Het is begrijpelijk dat Lisette er veel aan gelegen is dat de ruzie tussen haar ouders stopt. Ze heeft dan ook op haar manier geprobeerd hen te helpen. Dat is een hele klus voor een meisje van zeven. In feite is het een stukje zorg dat niet bij haar past en dat ook niet bij een kind hoort. Maar is het erg? Is het schadelijk voor Lisette? Dat hangt van de situatie af. Ook in een goede relatie komt weleens een flinke ruzie voor. En als de ouders van Lisette verder een goede relatie hebben, hoeft het dus helemaal niet zo erg te zijn als Lisette een keer ongepast geeft. Het is vervelend, maar niet dramatisch. Het zou helemaal mooi zijn als haar ouders Lisette zouden vertellen dat ze erg blij zijn met haar mooie tekening, maar dat ze samen hun ruzie al hebben bijgelegd of anders dat binnenkort wel zullen doen. Maar in de heftigheid van een ruzie schiet dat er meestal bij in. Ook dat is helemaal niet zo erg. Erger wordt het als Lisette niet alleen deze ruzie heeft willen bezweren, maar de zoveelste ruzie in een zeer conflictueuze relatie tussen haar ouders. In die situatie probeert Lisette misschien wel de hele relatie tussen haar ouders te redden en dan is haar geven wel degelijk een taak die veel te groot voor haar is en die schadelijk is voor haar eigen ontwikkeling. De relatie tussen ouders redden is per definitie geen verantwoordelijkheid van een kind, al kan een kind dat voor zichzelf wel zo ervaren.

Wanneer een kind incidenteel ongepast of ongezien geeft, kan het zich daardoor wel degelijk gekwetst of afgewezen voelen. Tegelijkertijd zal dat doorgaans geen negatieve invloed op zijn ontwikkeling hebben. Wanneer een kind regelmatig niet ontvangt wat het nodig heeft of ongepast geeft, komt het kind ernstig te kort. In contextuele bewoordingen heet het dat zo iemand destructief gerechtigd is. Nog ernstiger wordt het wanneer dit structureel gebeurt en er een patroon ontstaat van ongepast geven. Wanneer dat het geval is, wordt dat in de contextuele benadering destructieve parentificatie genoemd.

8.5 Vormen van destructieve parentificatie

Er is sprake van destructieve parentificatie wanneer een kind op structurele basis te maken heeft met een omgekeerd rollenpatroon: op een aantal belangrijke terreinen zorgt de ouder niet in de eerste plaats voor het kind, maar zorgt het kind in belangrijke mate voor de ouder(s) of het gezin. Soms gebeurt dat in praktische zin: het kind levert een

8.5 · Vormen van destructieve parentificatie

fysieke bijdrage aan het welbevinden van zijn ouders of het gezin. Maar het gebeurt ook vaak dat kinderen hun ouders in emotioneel of psychisch opzicht helpen of ondersteunen. Een destructief geparentificeerd kind voorziet als het ware in behoeften van (een van) de ouders waarin deze niet of niet in voldoende mate zelf kan voorzien. Vaak heeft dat te maken met een tekort dat ouders zelf hebben opgelopen in hun jeugd, die roulerende rekening die zojuist aan de orde kwam. Maar ook ziekte, (relatie)problemen of andere zorgen in het leven van de ouders kunnen ten grondslag liggen aan dit patroon.

Er zijn verschillende manieren waarop vormen van destructieve parentificatie kunnen worden beschreven. We beschrijven er hier zes – maar deze lijst is niet uitputtend of de enig mogelijke. Centraal in de beschrijvingen staat het uitvergroot ongepast geven gedurende langere tijd. De eerste drie vormen die worden beschreven, worden ook wel gezamenlijk *het zorgende kind* genoemd: *het kind als ouder, het kind als ouder van de ouder* en *het kind als partner*. Verder onderscheiden we hier *het perfecte kind (en daaraan verbonden het zwarte schaap), de zondebok* en *het kind dat kind moet blijven*. De verschillende vormen worden besproken en er worden handvatten voor de hulpverlening gegeven.

8.5.1 Het kind als ouder

Voorbeeld
Tom (11) is aangemeld bij de schoolbegeleidingsdienst omdat hij al jaren geen aansluiting heeft bij zijn leeftijdsgenoten. Omdat hij volgend jaar naar de middelbare school gaat, lijkt dit een goed moment om hulp te zoeken. Tom maakt een wat ouwelijke indruk. De maatschappelijk werker van de schoolbegeleidingsdienst maakt een afspraak voor een huisbezoek om zich een beeld te kunnen vormen van Toms functioneren in het gezin. Tom heeft een jongere broer Jop (8) en een zusje Tabitha van vijf. Zijn vader werkt op een booreiland en is regelmatig wekenlang van huis. Zijn moeder staat er dan alleen voor. Tijdens het huisbezoek speelt Jop met een vriendje buiten, Tabitha zit aan tafel te tekenen, Tom leest een boek. Zijn moeder is bezig met de koffie. Jop komt binnen om naar het toilet te gaan en trekt in het voorbijgaan hard aan de paardenstaart van zijn zusje, die luid begint te gillen en te huilen. Als vanzelf legt Tom zijn boek weg, zegt 'stil maar' tegen zijn zusje en loopt achter Jop aan. In de kamer is duidelijk hoorbaar dat Tom zijn broer stevig de wacht aanzegt en dit besluit met de opdracht zijn excuses aan zijn zusje aan te bieden. Tijdens de koffie vraagt de maatschappelijk werker aan de moeder of Tom vaker een opvoedersrol in het gezin vervult. De moeder is aanvankelijk met stomheid geslagen. Meteen daarna verdedigt zij zich: haar man is weinig thuis en Jop is een moeilijk kind. Ze kan de situatie vaak niet aan.

Kinderen die een ouderrol aannemen in het gezin, voelen vaak al jong aan dat de ouders het zelf niet aankunnen. Door een stuk van de opvoeding over te nemen, voorzien ze in een behoefte van hun ouders. Deze vorm van parentifactie kom je vaak tegen in eenoudergezinnen of in gezinnen waarin een van de ouders te kampen heeft met psychische of lichamelijke ziekte. Voor alle zorgende kinderen geldt dat ze vaak weinig tot geen aansluiting hebben bij leeftijdsgenoten.

Voor Tom is het noodzakelijk dat hij ontheven wordt van de verantwoordelijkheid die hij nu voelt voor het opvoeden van zijn broer en zus. Daar heeft hij zijn moeder hard voor nodig. En zijn moeder heeft daar op haar beurt de hulp van haar partner en waarschijnlijk ook verdere professionele steun bij nodig. Een mogelijke insteek voor de hulpverlening zou dan ook kunnen zijn dat de maatschappelijk werker de moeder doorverwijst voor opvoedingsondersteuning. Zij moet haar positie als opvoeder op zich gaan nemen, ook al is haar partner vaak afwezig. Wanneer Tom ontlast wordt van de taak die niet bij hem hoort, ontstaat er wellicht ruimte voor de schoolbegeleidingsdienst om hem te helpen met zijn sociale vaardigheden.

Voorbeeld
Een begeleider die werkzaam is bij een project voor kwetsbare moeders vertelt: we merken dat vluchtelingenkinderen gemakkelijk geparentificeerd worden. Onlangs viel het me bij een intake op dat de oudste dochter van twaalf erg betrokken was. Zij vertaalde alles voor haar moeder van en naar het Arabisch, ook toen het bijvoorbeeld over de moeilijke financiële situatie van moeder ging. Moeder vertelde ook dat zij haar dochter als haar beste vriendin beschouwt. Het is fijn voor zowel de moeder als dit meisje als ze van betekenis kan zijn. Maar een van de aandachtspunten in het traject zal toch wel het erkennen hiervan en het begrenzen zijn.

8.5.2 Het kind als ouder van de ouder

Voorbeelden
Omdat de lessen erg veel bij hem losmaakten, heeft David (18) aan het einde van zijn propedeusejaar MWD het advies gekregen om te stoppen met zijn opleiding of eerst zelf hulp te zoeken. Hij kiest voor het laatste. Tijdens een gesprek over het gezin waarin hij opgroeide, vertelt hij: 'Mijn moeder is onzeker over zichzelf en ik merk dat dat wel wat met me doet. Ik ga haar bijvoorbeeld moed inspreken of complimenten geven. Of ik zeg tegen mijn moeder: "Kom op, even niet zo neerslachtig op de bank gaan zitten, wat doen is goed voor je. En je kunt meer dan je denkt!" Ik doe vaak na het eten de afwas, maar soms zeg ik juist tegen haar dat zij het zelf moet doen. Dan is ze even bezig en vaak knapt ze daar wel wat van op. Het is niet altijd zo hoor, soms is ze heel vrolijk en uitgelaten. Maar daarna stort ze altijd weer in. Het is begonnen toen ik een jaar of zes was. Toen is ze ook een poos opgenomen geweest.'
Lenette (15, 4-vwo) is het afgelopen jaar nauwelijks op school geweest. Ze had voortdurend last van hoofdpijn, buikpijn of vermoeidheidsklachten. Thuis probeerde ze met behulp van studiewijzers haar schoolwerk zo'n beetje bij te houden en bij toetsen liet ze haar gezicht nog weleens zien. Met wisselend resultaat. De school vermoedt problemen thuis en schakelt de schoolcounselor in. Tijdens een gesprek met beide ouders en Lenette samen blijkt dat haar moeder een fors alcoholprobleem heeft. Lenette houdt haar moeder met argusogen in de gaten en durft haar niet alleen thuis te laten, bang dat ze juist dan naar de fles grijpt.

8.5 · Vormen van destructieve parentificatie

Wanneer een ouder kampt met problemen, kan een kind de rol op zich nemen van ouder van de ouder. Het kind voelt zich dan verantwoordelijk voor het welzijn van die ouder en probeert hem of haar zelfs te helpen om zijn problemen op te lossen. Een taak die niet tot de verantwoordelijkheid van kinderen behoort. Voor kinderen in deze positie is het belangrijk dat ze erkenning krijgen voor wat ze geven, maar ook voor wat ze niet ontvangen hebben. Het kan heel moeilijk zijn om de zorg voor vader of moeder los te laten, zodat er ruimte ontstaat om bezig te zijn met tot de leeftijd behorende ontwikkelingstaken. Het kind voelt zich vaak extreem verantwoordelijk voor de ouder en het gezin, en is bang voor wat er gebeurt als hij niet langer zorgt. In dit proces is veel hulp nodig. Vaak zal er binnen de hulpverlening ook gezocht worden naar een stukje fysieke afstand. David kiest er na verloop van tijd voor om op kamers te gaan. En Lenette gaat tijdelijk bij familie wonen, nadat haar moeder beloofd heeft elders hulp te zoeken voor haar drankprobleem. De hulpverlening is er vooral op gericht de verantwoordelijkheden te leggen en te laten waar ze horen én te zoeken naar andere manieren van omgang tussen het kind en zijn ouders. Dit kun je bijvoorbeeld doen door goede voorlichting te geven over de problematiek van de ouders. Wanneer Lenette goede informatie krijgt over alcoholverslaving, kan dat haar helpen in te zien dat haar moeder andere hulp nodig heeft. Zo kun je haar helpen los te komen van het gevoel verantwoordelijk te zijn voor haar moeder. Soms kun je ook de ouders hierbij betrekken: zij kunnen hun kind als het ware 'ontslaan' van de verantwoordelijkheid die ze ervaren. De ouders van Lenette kunnen haar vertellen dat ze het geweldig lief van haar vinden dat ze probeert haar moeder te helpen, maar dat dat haar verantwoordelijkheid niet is. Haar moeder moet zelf hulp zoeken, haar vader kan haar daarin stimuleren en steunen. De vader van David is misschien wel in staat zijn zoon aan te moedigen om op kamers te gaan en uit te leggen dat de zorg voor zijn moeder en het gezin bij hen als ouders hoort. Door de ongepaste verantwoordelijkheid los te laten, ontstaat er ruimte om het kind te helpen passende verantwoordelijkheid te nemen voor zijn eigen leven: Lenette moet zorgen dat ze een diploma van de middelbare school op zak krijgt; David moet een vak leren zodat hij binnen een afzienbaar aantal jaren in zijn eigen levensonderhoud kan voorzien. Ten slotte is het heel helpend voor deze kinderen wanneer ze ook manieren vinden waarin ze wel een passende bijdrage aan het leven van hun ouders of het gezin kunnen leveren. Als hulpverlener kun je hen helpen manieren daartoe te bedenken. Misschien vindt David het leuk om zijn ouders op zijn studentenkamer uit te nodigen en voor hen te koken. En Lenette, die dol is op spelletjes, zou tijdens een weekend thuis het initiatief kunnen nemen tot een potje Kolonisten.

8.5.3 Het kind als partner

Bij deze vorm van destructieve parentificatie neemt een kind de positie in die in werkelijkheid thuishoort bij een partner. Dat betekent dat de ouder met een kind spreekt over zaken die eigenlijk in een partnerrelatie thuishoren, of anders in ieder geval in een relatie tussen twee volwassenen. Vooral kinderen die opgroeien in eenoudergezinnen of van wie de ouders relatieproblemen hebben, lopen hierin risico.

Voorbeeld
Samir (13) is een voetbaltalent en moet daarom regelmatig in een naburig gelegen grote stad trainen. Zijn vader brengt en haalt hem trouw met de auto. Onderweg wordt er heel wat afgepraat tussen vader en zoon. In de loop van de maanden wordt vader steeds vertrouwelijker. Uiteindelijk wordt Samir de vaste uitlaatklep van zijn vader over de huwelijksproblemen tussen zijn vader en moeder. Zelfs de seksuele problemen worden hem niet bespaard. Ondertussen gaat het op school niet goed met Samir: hij blijft zitten. Ook zijn voetbalprestaties hebben te lijden onder de zware last die op zijn schouders rust. Hij wordt uit de selectie gezet. Dat levert enerzijds een gevoel van opluchting op: de gesprekken stoppen. Anderzijds weet Samir inmiddels dingen die hij niet hoort te weten en waar hij ook niets mee kan.

Het onderkennen van deze vorm van parentificatie valt vaak niet mee. Het kind als partner heeft nogal eens te kampen met depressiviteit, omdat de last die gedragen moet worden te zwaar is en het kind geen uitkomst ziet. Daardoor zou je als hulpverlener met het kind in contact kunnen komen. Doordat het kind echter loyaal is aan zijn ouders, zal het ook niet zo gemakkelijk vertellen dat hij in vertrouwen wordt genomen over zaken die hem niet aangaan. Geduld, belangstelling voor de thuissituatie, doorvragen en bewust meerzijdig partijdig zijn, kunnen op den duur openheid geven.

Voorbeeld
Willemien (23) is al maanden depressief en heeft daarom hulp gezocht. Door haar huwelijk met Bart is ze naar de andere kant van het land verhuisd, maar ze is in haar gedachten veel bezig met haar moeder, die al jaren weduwe is. Tot haar huwelijk heeft Willemien bij haar moeder thuis gewoond. Ze was het nakomertje in het gezin met vijf kinderen en ze woonde dan ook vele jaren samen met haar moeder. De band tussen moeder en dochter was hecht. 'We bespraken alles samen,' zegt Willemien. 'Ik denk dat dat kwam doordat mijn vader er niet meer was. Eigenlijk nam ik een beetje zijn plaats in. Ik sliep zelfs bij haar in bed.' Nu Willemien met Bart getrouwd is, begint ze zich aan haar moeder te ergeren: 'Ze belt rustig drie keer op een dag, klaagt dat ze me zo mist en zich zo alleen voelt.' Tegelijkertijd maakt Willemien zich er zorgen over of haar moeder het wel zonder haar redt. 'Ik voel me vaak schuldig dat we zo ver weg zijn gaan wonen. Ik ben immers altijd haar steun en toeverlaat geweest.'

Het kind als partner – en dat geldt in feite voor alle zorgende kinderen – raakt nogal eens depressief en uitgeput. Het heeft zo ongepast gegeven dat het op een gegeven moment uitgeput is en niet meer kan. Dat is dikwijls het moment waarop een proces in gang gezet kan worden om, met begeleiding van een hulpverlener, het ongepaste geven te gaan afbakenen. Zover is het bij Willemien nog niet, maar ze zoekt wel hulp omdat ze aanvoelt dat de relatie met haar moeder niet goed voor haar is; ze begint er last van te krijgen. Voor Willemien is het belangrijk dat ze eerst leert zien hoeveel en hoe ongepast ze heeft gegeven. Daar heeft ze erkenning voor nodig, zowel van het onrecht als van de verdienste. Pas daarna zal ze in staat zijn te gaan zoeken naar passende vormen van zorg, waarin ze ook haar grenzen leert aangeven.

Zorgende kinderen zijn zo vertrouwd geraakt met het afstemmen op de behoeften van hun ouders (en in het verlengde daarvan ook van anderen) dat zij veel moeite hebben hun eigen verlangens te onderkennen. Willemien zal de hulp van een maatschappelijk werker dan ook goed kunnen gebruiken om antwoorden te vinden op vragen als: wat wil zij eigenlijk wel in het contact met haar moeder? Op welke manier wil zij dochter zijn? Wat is voor haar passend geven aan haar moeder? En hoe gaat ze dat aan haar moeder duidelijk maken? Mogelijk zal Willemien ook moeten leren accepteren dat haar moeder boos of teleurgesteld is als zij besluit om de relatie anders vorm te geven. Het patroon van ongepast geven in de relatie met haar moeder zal ook zichtbaar worden in de verworven relaties van Willemien. Ook in deze relaties zal ze haar eigen behoeften en verlangens moeten ontdekken, en er vorm aan leren geven.

8.5.4 Het perfecte kind

Perfecte kinderen doen er alles aan om aan de uitgesproken en niet-uitgesproken verwachtingen van hun ouders te voldoen. Ze lijken wel voelhoorns te hebben waarmee ze feilloos opvangen wat er van hen verwacht wordt. Aan de buitenkant vertonen deze kinderen dan ook opvallend veel gewenst gedrag: ze zien er netjes uit, doen het goed op school, zijn beleefd en voorkomend, en misdragen zich niet. Onder de oppervlakte zijn deze kinderen echter vaak erg onzeker en angstig: wanneer ze falen in hun opdracht perfect te zijn, is de veroordeling scherp. Perfecte kinderen krijgen te maken met afwijzing door hun ouders wanneer ze niet aan diens verwachtingen voldoen. Die afwijzing proberen ze te voorkomen door zich in te spannen zich conform de verwachtingen te gedragen.

De behoefte van ouders waarin perfecte kinderen proberen te voorzien, is veelal dat deze het nodig hebben om perfecte ouders te zijn die een ideaal gezin vormen.

> **Voorbeeld**
> Stralend vertelt Erna (44, moeder van drie kinderen van acht, tien en dertien) op een verjaardagsfeest van haar schoonzus over de opmerking die een buurvrouw onlangs maakte. Erna had de buurvrouw verteld dat ze een hond krijgen, waarop deze reageerde met de woorden: 'Als je die net zo goed opvoedt als je kinderen, mag je hem hier altijd brengen als je eens een dagje weg moet.' Ook familieleden die later op de avond nog binnen komen vallen, krijgen dit verhaal in geuren en kleuren te horen. Blijkbaar is het voor Erna erg belangrijk dat anderen horen dat ze haar kinderen zo goed heeft opgevoed. En het is bepaald niet ondenkbaar dat ook haar eigen kinderen dat haarscherp hebben aangevoeld.

Eenmaal volwassen geworden, hebben perfecte kinderen hun handen eraan vol om aan alle verwachtingen vanuit hun omgeving te voldoen.

> **Voorbeeld**
> Jasmine (34) is door de bedrijfsarts doorgestuurd naar het maatschappelijk werk. Ze is ernstig overspannen en depressief. Jasmine werkt vier dagen in de week als directiesecretaresse. Daarnaast deelt ze, samen met haar vriend, de zorg voor hun twee jonge kinderen van één en vier jaar oud. Op regelmatige basis komen bovendien de twee kinderen uit de vorige relatie van haar vriend bij hen het weekend doorbrengen. Ze wil dan erg graag dat het gezellig is. In haar baan moet ze rennen en vliegen, en er komen steeds meer verantwoordelijkheden op haar bordje te liggen. Haar leidinggevenden én haar collega's weten haar goed te vinden: Jasmine is altijd bereid een extra taak op zich te nemen. Maar op haar vrije dag wil ze toch ook op school actief zijn: ze weet hoe ze daar zitten te springen om een paar helpende handen. Wekelijks is ze leesmoeder in de klas van haar oudste en na iedere vakantie doet ze bij de kleuters de luizencontrole. Ze begint dan wat later op haar werk en gaat 's avonds langer door. Haar vriend vindt het jammer dat de laatste zwangerschapskilo's er nog niet af zijn, dus bezoekt ze twee keer per week de sportschool. De vraag van de maatschappelijk werker wat de dingen zijn waar zij zelf echt van geniet, brengt haar helemaal in verwarring. Na een lange stilte stamelt ze: 'Dat weet ik eigenlijk niet.'

Perfecte kinderen hebben erkenning nodig voor al hun inspanning om aan de verwachtingen van anderen – en in het bijzonder van hun ouders – te voldoen. Doordat zij zo gericht zijn op de verwachtingen van anderen, weten ze vaak nauwelijks wat hun eigen verwachtingen en verlangens voor het leven zijn. Hulpverlening zal er dan ook op gericht zijn om enerzijds deze eigen verwachtingen en verlangens te ontdekken en vorm te geven, en anderzijds om op een passende manier te leren omgaan met verwachtingen vanuit de omgeving. Grenzen stellen en eigen ruimte in durven nemen, zijn daarbij centrale thema's.

De tegenhanger van het perfecte kind wordt wel *het zwarte schaap* genoemd. Dit zijn kinderen die niet aan de ouderlijke verwachtingen kunnen of willen voldoen. Zij verstoren daarmee het perfecte plaatje en dat levert hen vaak veroordeling op, in plaats van de zorg en de steun die ze nodig hebben.

> **Voorbeeld**
> Myrna en Bart zijn de ouders van vier kinderen in de leeftijd van tien tot zeventien jaar. Ze hebben, op dringend advies van school, hulp gezocht omdat hun zoon, de op een na oudste van het stel, zowel thuis als op school problemen veroorzaakt: hij is snel prikkelbaar, soms op het agressieve af. Bovendien loopt hij het risico voor de tweede keer te blijven zitten. De hulpverlener vermoedt ADHD. De ouders schamen zich erg vanwege het feit dat ze hulp nodig hebben. En ze schamen zich ook voor dit kind van hen dat het regelmatig zo bont maakt. Angstvallig houden ze de problemen zo veel mogelijk geheim en niemand in hun omgeving weet dan ook van de hulp. Tijdens een van de gesprekken meldt de moeder opgelucht dat ze onlangs een mevrouw sprak die haar vertelde dat ze hen altijd zo'n leuk gezin vindt. 'Ze heeft gelukkig dus helemaal niets door!' De hulpverlener merkt op dat deze mevrouw misschien wel graag naar haar problemen had willen luisteren en dat dat misschien wel heel prettig zou zijn geweest. Myrna is er stil van. Daar moet ze eerst eens over nadenken. Ze is zo vertrouwd met de gedachte dat mensen je afwijzen wanneer er dingen niet goed gaan.

8.5 · Vormen van destructieve parentificatie

Zonder het gedrag van hun zoon zouden Myrna en Bart mogelijk inderdaad het perfecte gezin zijn dat ze zo graag willen vormen. In die zin is hun zoon echt het zwarte schaap van het gezin. Myrna's opmerkingen doen vermoeden dat ze zelf vroeger de rol van perfect kind heeft vervuld en dat ze dat nu voortzet in haar huidige gezin. In die zin zou het gedrag van hun zoon gezien kunnen worden als een geweldig hulpmiddel om te ontdekken dat je niet volmaakt hoeft te zijn om toch gewaardeerd en geliefd te worden. Hulpverlening aan de zoon kan dan ook alleen succesvol zijn wanneer niet alleen zijn mogelijke ADHD, maar ook het verwachtingspatroon dat je perfect moet zijn en aan idealbeelden moet voldoen bespreekbaar gemaakt worden.

De zwarte-schaappositie valt ook nogal eens ten deel aan een perfect kind wanneer het ervoor kiest om niet of er niet langer in slaagt aan alle ouderlijke verwachtingen te voldoen. Dat de gevreesde afwijzing werkelijkheid wordt, is de prijs die soms betaald moet worden voor het ontwikkelen van de eigen identiteit. Hulpverlening kan erop gericht zijn die afwijzing te helpen verdragen én om te zoeken naar manieren waarop de cliënt wel vorm kan en wil geven aan de relatie met zijn ouders.

Voorbeeld
Na een aantal gesprekken binnen de hulpverlening is het voor Bart (29 en vrijgezel) helder: hij past ervoor om nog langer altijd maar te doen wat zijn ouders van hem verwachten. Als eerste wil hij breken met de gewoonte iedere zondagochtend bij zijn ouders koffie te drinken. Dat verplichte gedoe is misschien leuk voor zijn beide zussen met hun gezinnen, maar hij heeft er niet langer zin in. Daarmee doorbreekt hij een belangrijke familietraditie: als kind ging hij al iedere zondagochtend met zijn ouders naar zijn grootouders van vaders kant. Dat vond hij toen al vaak niet leuk, maar thuisblijven was geen optie. Hij weet ook hoe graag zijn moeder aan anderen vertelt dat ze toch zo'n leuke familie zijn en iedere zondag elkaar opzoeken. Met de hulpverlener bereidt hij zich voor op het gesprek met zijn ouders, waarin hij zal vertellen dat hij met die gewoonte stopt, en op hun mogelijke reacties. Wanneer het moment daar is, is het huis te klein. Vader sommeert hem dan maar meteen te vertrekken en nooit meer terug te komen. En in de weken die volgen wordt Bart bedolven onder telefoontjes van zijn moeder en zijn zussen, die hem smeken toch weer gewoon te komen. Bart houdt echter voet bij stuk. In de daaropvolgende maanden onderzoekt Bart, nog steeds met behulp van zijn hulpverlener, op welke manier hij wel met zijn familie om zou willen gaan. Via een brief nodigt Bart zijn oudste zus, met wie hij altijd een goede band had, uit om een keer mee te gaan naar zijn therapie. Daar vertelt hij haar over het proces waar hij middenin zit. Diep in haar hart begrijpt zijn zus het standpunt van Bart wel, maar zij durft de confrontatie met haar ouders niet aan. Bart en zijn zus spreken af elkaar af en toe te gaan ontmoeten, zonder dat vader dit weet. Ze gaan samen een pad op waarvan de uitkomst nog niet bekend is. Bart is vastbesloten niet terug te keren naar 'dat dwingende keurslijf waarin iedereen naar pa's pijpen moest dansen'. Maar dat hij wel iets met zijn familie wil, is ook duidelijk.

8.5.5 De zondebok

De zondebokpositie in een gezin wordt ook weleens de bliksemafleider genoemd. Zondebokken zijn kinderen die de aandacht afleiden van andere problematiek die in het gezin speelt. Vaak kom je zondebokken tegen in gezinnen waarin grote spanningen bestaan tussen de ouders. Doordat een van de kinderen problemen veroorzaakt, hoeven de ouders niet naar hun eigen problemen of onderlinge relatie te kijken. In feite offert de zondebok zich op voor het gezin: doordat het kind de schijn op zich laadt de veroorzaker van de problemen te zijn, wordt het echte probleem, bijvoorbeeld de spanningen tussen de ouders, verdoezeld. En worden de mogelijke gevolgen van dat probleem, bijvoorbeeld een echtscheiding, afgewend. Het probleemgedrag van een zondebok is dan ook functioneel: het gevende van het kind zit hem erin dat het de ouders verbindt (ze zijn één in hun boosheid of zorg om dit kind) of ze leiden af van het echte, bedreigendere probleem.

De zondebokpositie in een gezin is moeilijk te diagnosticeren. Wanneer je als hulpverlener te maken krijgt met een kind met veel negatief probleemgedrag, is het goed je de vraag te stellen of het gedrag een functie heeft binnen het gezinssysteem en, zo ja, welke. Je kunt ouders vragen welke zaken in het gezin hun aandacht zouden vragen wanneer er niet zoveel aandacht naar dit bewuste kind uit zou gaan.

> **Voorbeeld**
> De ouders van Ramona (11) zijn het roerend met elkaar eens: dit kind is een pestkop. Voortdurend zit ze haar jongere zusje te pesten en ook vanuit school hebben ze de boodschap gekregen dat het gedrag van Ramona ernstig te wensen over laat. De directe aanleiding van hun bezoek aan het pedagogisch centrum is dat Ramona vorige week betrapt is op winkeldiefstal. Ze had het erg opzichtig gedaan en liep dus meteen tegen de lamp. In haar jaszak zaten de nodige make-upspulletjes. De ouders raken bijna niet uitgepraat over de problemen die ze hebben door dit kind. Altijd wat anders en zelden wat goeds. Nadat ze de ouders hun verhaal heeft laten doen, stelt de sociaalpedagogisch hulpverleenster de volgende vraag: jullie lijken het zo roerend eens te zijn over het vervelende gedrag van Ramona dat me dat bijna verbaast. Zijn jullie het over alles zo eens? Of zijn er ook thema's in jullie gezin waar jullie heel verschillende meningen over hebben? Bijna gelijktijdig geven Ramona's ouders antwoord: natuurlijk hebben ze weleens ergens een verschil van mening over. Maar als Ramona niet… En opnieuw laait de klaagzang over Ramona op. Het zal de hulpverleenster veel tijd en geduld kosten om de aandacht van de ouders af te leiden van Ramona en met hen in gesprek te gaan over wat er dieperliggend in hun relatie speelt.

8.5.6 Het kind dat kind moet blijven

Deze vorm van destructieve parentificatie lijkt aanvankelijk misschien helemaal geen parentificatie. De eerste indruk doet immers vermoeden dat een kind heel weinig mag geven, het ontvangt vooral. Een kind dat kind moet blijven mag te weinig eigen

8.5 · Vormen van destructieve parentificatie

verantwoordelijkheid op zich nemen voor zijn eigen leven en blijft gedwongen afhankelijk van zijn ouders. Het zijn de ouders die ongepast en in ongepaste mate blijven geven. En het kind mag weinig anders doen dan al dat geven te ontvangen. Daarmee geeft het kind in feite heel veel: het geeft zijn recht om zelf te mogen geven op en daarmee ook zijn recht om een eigen waardevolle bijdrage te mogen leveren aan de relatie. Daardoor krijgt dit kind onvoldoende mogelijkheden om te groeien in eigenwaarde en het nemen van verantwoordelijkheid.

Het kind dat kind moet blijven behoort tot de vormen van destructieve parentificatie omdat het voorziet in de behoefte van zijn ouders om ongepast te geven en te zorgen.

Voorbeeld
Cornaud (27) en Eloise (22) wonen sinds twee jaar samen. En inmiddels is Eloise 'helemaal stapelgek' van haar vriend. En van haar schoonouders. Bij iedere beslissing die ze willen nemen, schakelt Cornaud zijn ouders in. Eloise wil nu dat hij kiest: voor haar of voor zijn ouders. De spanningen zijn inmiddels zo hoog opgelopen dat ze hulp hebben gezocht. Ter illustratie van het probleem noemt Eloise een voorbeeld uit de voorgaande week. Ze hadden bedacht dat ze hun ooit bij de kringloop gekochte meubels weg zouden doen en daarvoor in de plaats nieuwe zouden aanschaffen. Eloise vertelt: 'Het begon er al mee dat hij eerst aan zijn moeder had gevraagd wat zij ervan vond. En pas toen die het ook een goed idee vond, werd hij echt enthousiast. Drie dagen later belde zijn moeder. Ze was alvast eens gaan kijken bij verschillende winkels en had bij een bepaalde zaak prachtige meubels zien staan. Echt wat voor ons. En helemaal niet zo duur. De stoom kwam uit mijn oren! We zouden toch samen zaterdag op stap gaan? Maar Cornaud bleef erbij dat we eerst moesten gaan kijken bij de winkel waar zijn moeder het over had. En het was toch zo lief van haar dat zij alvast wat vooronderzoek had gedaan. Ik heb toen gezegd dat hij vooral samen met zijn moeder naar die meubels moest gaan kijken, maar dat ik mooi niet meeging.'

Het kind dat kind moet blijven heeft zijn proces van volwassen worden uitgesteld. Hij blijft afhankelijk van zijn ouders en hun goedkeuring, zelfs wanneer hij niet meer thuis woont en een vaste relatie heeft. Hulpverlening moet zich dan ook vooral richten op het leren zich af te bakenen van de ouders en op verantwoordelijkheid nemen voor het eigen leven. Dat kan een langdurig proces zijn. Een kind dat kind moet blijven heeft weinig ruimte gekregen om eigen keuzes te maken als het gaat om opleiding, partner of beroep. Maar ook het ontwikkelen van een eigen smaak, stijl en hobby's, alsmede zelfstandig problemen leren oplossen en omgaan met uitdagingen, moeten allemaal op latere leeftijd alsnog verworven worden.

Over het algemeen kun je zeggen dat het belangrijk is dat je als hulpverlener je cliënt helpt om zelf te gaan zien wat hij heeft gegeven en dat ook als zodanig te benoemen en te waarderen. Juist in deze positie is dat geven in feite zo onzichtbaar en wordt aanvankelijk ook niet als geven beleefd. Cornaud moet leren zien dat hij eigenlijk probeert het zijn moeder naar de zin te maken door haar toe te staan voor hem te blijven zorgen. Blijkbaar is dat belangrijk voor hem. Wat gebeurt er wanneer hij dat niet meer wil? Angst voor afwijzing is vaak een belangrijke reden om dit patroon in stand te houden.

8.6 Ten slotte

Voor een cliënt kan het uiterst pijnlijk zijn om te gaan zien dat hij als kind niet heeft ontvangen wat hij nodig had en meer heeft gegeven dan goed voor hem was. Er kunnen veel gevoelens van verdriet en boosheid loskomen. Het is belangrijk daar tijd en ruimte, erkenning, aan te geven. Ook is het goed de vraag te stellen waardoor dit patroon van ongepast geven is ontstaan. Heeft het te maken met ziekte of gebrek in het leven van de ouders? Hoe ziet de balans er in de generatie voor de ouders uit? Welk patroon hebben ze hierin zelf als kind ontwikkeld? Deze inzichten kunnen op een belangrijke wijze bijdragen aan het leren aanvaarden dat het gegaan is zoals het gegaan is. Ze kunnen helpen om vanuit eigen verantwoordelijkheid andere keuzes te maken.

8.7 Opdrachten

- **Persoonlijke opdrachten**:
    - Kun je voorbeelden geven van geven, zoals jij dat in je gezin van herkomst hebt gedaan? Is jouw geven gezien, erkend en begrensd? Door wie?
    - Zijn er vormen van parentificatie in jouw gezin van herkomst die je herkent? Op welke manier heeft dat jou beïnvloed?
    - Op welke manier werkt de wijze waarop jij hebt leren geven en ontvangen door in de wijze waarop jij je vak als hulpverlener uitoefent? Waarin zit je kracht? En waarin je kwetsbaarheid?
- **Toepassingsvragen voor de beroepspraktijk**:
    - Geef voorbeelden vanuit je werk of stage waarin je ziet hoe kinderen aan hun ouders of gezin geven of gegeven hebben. Kun je zowel voorbeelden noemen van constructief geven als van destructief geven?
    - Kies een van de genoemde voorbeelden uit en bespreek met elkaar op welke wijze je vanuit de contextuele benadering deze cliënt en zijn systeem zou kunnen helpen.

Bijlagen

Geraadpleegde literatuur – 86

Register – 87

© Bohn Stafleu van Loghum is een imprint van Springer Media B.V., onderdeel van Springer Nature 2021
K. van Ieperen-Schelhaas, *Contextuele hulpverlening*, https://doi.org/10.1007/978-90-368-2547-4

Geraadpleegde literatuur

Boszormenyi-Nagy, I. (2000). Grondbeginselen van de contextuele benadering. Haarlem: De Toorts.

Boszormenyi-Nagy, I., & Krasner, B. R. (1994). Tussen geven en nemen. Over contextuele therapie. Haarlem: De Toorts.

Eerenbeemt, E. van den. (2002). De liefdesladder: Over familie en nieuwe liefdes. Amsterdam: Archipel.

Hargrave, T. D., Pfitzer, F., & Michielsen, M. (Red.). (2005). Ontwikkelingen in de contextuele therapie, de kracht van geven en nemen in relaties. Leuven: Acco.

Heusden, A. van, & Eerenbeemt, E. van den. (1983). Balans in Beweging: Ivan Boszormenyi-Nagy en zijn visie op individuele en gezinstherapie. Haarlem: de Toorts.

Hoekstra, R. (2002). Oneindig loyaal, een contextuele kijk op de situatie van mensen die zorgen voor een ernstig belemmerd kind. Zoetermeer: Meinema.

Meiden, J. van der. (2003). Als banden knellen, over relatieproblemen tussen volwassen kinderen en hun ouders. Heerenveen: Groen.

Michielsen, M., Mulligen, W. van, & Hermkens, L. (Red.). (2003). Leren over leven in loyaliteit, over contextuele hulpverlening. Leuven: Acco.

Rijn, A. van, & Meulink-Korf, H. (2002). De onvermoede derde: inleiding in het contextueel pastoraat. Zoetermeer: Meinema.

Register

A
adoptieouders 65

B
balans. *Zie ook* geven en ontvangen, balans tussen 12–20, 34
biologisch gegeven 56
biologische ouders 65

C
context 2
contextuele benadering 2
contextuele hulpverlening 2

D
de zondebok 82
delegaten 41
derde dimensie. *Zie* interacties
destructief gerechtigd 74
destructieve parentificatie. *Zie ook* omgekeerd rollenpatroon 74–84
dialoog 30
directe familierelaties 2

E
eerste dimensie. *Zie* feiten
erfelijkheid 5
erkenning 22
- geven 22
- van onrecht 22
- van verdienste 23
- vanuit de context 25

F
familiale relaties 2
- gegeven 5
- verworven 5
familie-erfgoed. *Zie ook* immaterieel erfgoed 7–9, 12, 39–43
familiepatroon 38
feiten. *Zie* eerste dimensie

G
gegeven relaties 2
genogram 2
geven 70
- niet-passend, ongepast 70
- passend 70
geven en ontvangen 70
gewoonten en gebruiken 6
grenzen stellen 36
grondhouding 48

H
het kind als ouder 75
het kind als ouder van de ouder 77
het kind als partner 77
het kind dat kind moet blijven 82
het perfecte kind 79
het zorgende kind 75
het zwarte schaap 81
historiciteit 38
hulpbron 32

I
immaterieel erfgoed. *Zie ook* familie-erfgoed 39
interacties 17
intergenerationele context. *Zie ook* intergenerationele verbondenheid 5, 14, 37, 38
intergenerationele verbondenheid. *Zie ook* intergenerationele context 36–44

L
legaten 40
loyaal gedrag 67
- niet openlijk 67
- openlijk 67
loyaliteit 54
- existentiële 54
- gespleten 60
- loyaliteitsconflicten 62
- onzichtbare 66
- over-loyaal 67
- verworven 54, 58

M
manieren van omgang 77
meerzijdig gerichte partijdigheid. *Zie ook* meerzijdig partijdig 48–51, 56
meerzijdig partijdig. *Zie ook* meerzijdig gerichte partijdigheid 48–52, 78

N
negatieve bewoordingen 57
negatieve reactie 56
netwerk van betekenisvolle relaties 2
niet-passend geven 73
normen en waarden 7

O
omgekeerd rollenpatroon. *Zie ook* destructieve parentificatie
onrecht 15
- vergeldend onrecht 16
ontmoeting, helend 30
ontschuldigen 33
overdracht binnen families 5

P
parentificatie 73
- constructieve 73
passend geven 71
pleegouders 65
psychologie. *Zie ook* tweede dimensie 16–19

R
rechtvaardig 70
relationele ethiek. *Zie ook* vierde dimensie 12–20
- geven en ontvangen 12
roulerende rekening 71

S
sociale omgevingsfactoren 5

T

tweede dimensie. *Zie ook* psychologie 16

V

valkuilen 51
verantwoordelijkheden, waar ze horen 77
verantwoordelijkheid 36
verworven relaties 2
vier aspecten 12
vier dimensies van de relationele werkelijkheid 14
vierde dimensie. *Zie ook* relationele ethiek 12, 14, 17, 19